中国教师丛书

教育技术新视点

姜春福 编著

北京出版集团公司
北京教育出版社

图书在版编目（CIP）数据

教育技术新视点 / 姜春福编著. —北京：北京教育出版社，2019.8

（中国教师丛书）

ISBN 978-7-5704-0381-3

Ⅰ. ①教… Ⅱ. ①姜… Ⅲ. ①教育技术学—研究 Ⅳ. ① G40-057

中国版本图书馆 CIP 数据核字（2018）第 132001 号

中国教师丛书

教育技术新视点

姜春福　编著

*

北京出版集团公司
北京教育出版社　出版

（北京北三环中路 6 号）

邮政编码：100120

网址：www.bph.com.cn

北京出版集团公司总发行

全国各地书店经销

天津兴湘印务有限公司印刷

*

710 × 1000　16 开本　8 印张　100 千字

2019 年 8 月第 1 版　2019 年 8 月第 1 次印刷

ISBN 978-7-5704-0381-3

定价：24.00 元

质量监督电话：（010）58572393　58572817　58572750

前言

时代发展趋势促使我们提出了科教兴国和人才强国的战略，在此方针指导下，新课程改革已经轰轰烈烈地开展了起来，并取得了巨大的成绩。新课程旨在“提高人文素养，提高人的整体素质”，这对教师的素质提出了更高的要求。教师应打破旧有的思想观念，树立先进的教育教学思想，从旧有的传统经验型教师向学习型教师转变，即教师应从更新的角度、从更深的层次上认识自己的角色和所担负的历史使命。教师不仅要做知识的传递者、学生智力的开发者，更要做学生道德的引导者、心灵的开拓者、思想的启迪者和精神的塑造者。

为了更好地帮助教师完成这一角色的转变，我们编写了这套丛书。本套丛书涉及新时期教育理念、教学方法、教学组织、教学管理、教学策略、教育技术、信息化教育、班主任工作、师生沟通技巧、教师教态等各方面的内容，力图全面展示新时期教育的发展现状及其对教师素质的要求，希望它能对教师的教育教学有所帮助。

鉴于自身水平的局限，本套丛书难免会有一些疏漏。因此，望各位同仁、广大师生和热爱教育事业的朋友不吝赐教，共同为我国的教育事业尽一份力。

编者

2018 年 3 月

目　录

第一章　教育技术概述

第一节　国外教育技术的发展历史

一、媒体教学技术——从直观教学到视听传播

教育技术起源于西方国家,它从诞生至今已有近百年的历史。教育技术的产生与发展和媒体与媒体传播技术的发展是分不开的。

(一)直观教学

三百多年前,捷克教育学家夸美纽斯提出了直观教学观点,为教育技术的发展做出了卓越的贡献,成为近代资产阶级教育理论的奠基人。

直观教学以真实事物标本、模型、图片等为载体传递教育信息,进行具体的教学活动。它强调教室要布满图画,书本要配有插图,直观教具要呈现在学生面前(合理的距离内),让学生先看到整体,然后再分辨各个部分,并且要设法引起和保持学生的注意。直观教学的实质是一种传授观察经验的直观技术。

(二)视听教学

20 世纪 20 年代末,有声电影及广播录音技术的发展及其在教育领域的应用,使原有的视觉教学概念不能涵盖当时的教学实践。所以,直观教学发展为视听教学。

视听教学对学校教育的大规模影响形成于 20 世纪 20 年代。它与 19 世纪末 20 世纪初的科学技术,尤其是电子技术的发展是密不可分的。技术的进步使得一批新的传播媒体,如幻灯、投影、电影、录音、广播、电视等相继问

世,人类社会传播信息的渠道由此大为拓宽,这在客观上为视听教学提供了必备的物质条件。1943 年,美国国会图书馆首次使用了"媒体"这一概念,它指的就是传播信息的上述各种视听设备。

视听教学迅速发展的原因是教育开始受到当时工业化大生产方式的影响。产业革命对受过初等教育的廉价劳动力的急剧需求使得原有的学校远不能满足社会的需求,而创办新的学校又受师资、设备等限制,因此权宜的解决办法就是扩大班级规模,例如在兰卡斯特的"导生制"班级里,学生就多达五百余人。值得一提的是,除了启用导生外,兰卡斯特还广泛地采用了新的视听设备。与此同时,美国有的州还要求就教学器具及其有效使用情况进行报告。可以说这种情形在一定程度上刺激了视听教学的发展。

戴尔(E. Dale,1946)在总结视觉教学理论及视听教学实践的基础上,提出了以"经验之塔"为核心的"教学中的视听方法"。他依据各类媒体所提供的学习经验的抽象程度做了系统的分类,并概括了应用的原则。这个理论成为教学媒体应用于教学过程的主要依据和指导思想。

理论要点:最底层的经验最具体,越往上越抽象,各种教学活动可以依其经验的具体——抽象程度,排成一个序列;教学活动应从具体经验入手,逐步进入抽象经验;在学校教学中使用各种媒体,可以使教学活动更具体,也能为抽象概括创造条件;位于"塔"的中间部位的那些视听教材和视听经验,既比上层的言语和视觉符号具体形象,又能突破时间和空间的限制,弥补下层各种直接经验方式的不足。

(三)视听传播

20 世纪 50 年代以后,美国的视听教学迅速发展。在 1958 年通过的"国防教育法"的指导下,美国给教育拨款,以保证培养出所需要的人才的质量和数量,同时亦把许多研究人员带到教育媒体和技术领域,促进更多的教师接受新媒体,使视听技术得到有效的应用和发展。1955—1965 年,语言实验室、电视、教学机、多种媒体综合呈现,技术、计算机辅助教学先后问世,并在教学中得到应用。同时,由于传播理论的发展影响到教育领域,来自属于视听领域或不属于视听领域的许多资源要求统一说明,为此,试图用一个更广泛的术语和定义来概括这个领域。首先是美国人探讨从学习理论和传播理论的角度重新认识视听教学的理论问题,并成立了专门的"定义与术语委员会”,目的是定义这个领域及与这个领域有关的术语。这标志着视听教学向视听传播教学的发展,也是视听教学理论上的一个转折点:由重点研究视听信息的显示转向视听信息的传播设计。

视听传播把对提高媒体教学效果的研究置于整个教学过程的宏观框架中,完全改变了传统视听教学对视听媒体进行孤立研究的方向,彻底改变了传统视听教学的理论构架,即不再把研究的重点放在使用形象化的视听教材作为辅助手段以提供具体的学习经验,而是放在研究完整的教学传播过程及教学系统方面,从一个全新的角度来认识教育技术这一领域。

从直观教学到视听教学再到视听传播,在教育技术实践中形成了特殊的实践哲学和模式——利用任何资源促进学习,即借助媒体辅助传播教学的模式。

二、实现个别化教学的教学技术——程序教学

这种教学方法的作用体现在强调以学习者为中心的个别化、个性化教学模式的形成上。个别化教学是一种适合个别学习者需要和特点的教学,在方法上允许学习者自定目标、自定步调、自己选择学习的方法、媒体和材料。

初始阶段。个别化教学方法在公元前就存在了。但是,第一台用于个别化学习的程序化教学机器出现在 1924 年,它是心理学家普莱西设计的,主要用于学生测试的自动化。该教学机包含了允许学生自定步调,要求积极反应和即时反馈等特点。

发展阶段。20 世纪 50 年代斯金纳发表了《学习的科学和教学的艺术》一文,指出了传统教学方法的缺点,提出使用教学机器能解决许多教学问题,推动了当时的程序教学运动的发展。他依据自己的操作性条件反射理论和积极强化的行为主义学习理论,设计了程序教学方法和教学机器。程序教学的基本思想是在教学过程中贯穿强化理论的应用。早期程序教学的特点是:小的步子、积极反应、即时反馈、自定步调以及低错率。程序模式上的直线式程序直观地体现着“操作性条件反射”。到 20 世纪 60 年代,克劳德根据他自己在 50 年代为美国空军培训技术人员排除故障的教学经验,将它修改为模拟老师指导作用的分支式程序。

程序教学运动在 20 世纪 60 年代初达到高潮,后期则开始衰退。原因是多方面的,其中之一是要真正开发有效的程序教材,需要进行系统的设计和

实验，这样会花费很高的代价，因此出版商纷纷退出这一领域。但程序教学总结出了一套开发程序教材的方法，研制过程综合了许多重要概念并得到具体应用，影响和促进了系统地设计教学方法的发展，推动了个别化教学的研究。

计算机辅助教学的发展。计算机用于教学和训练始于 20 世纪 50 年代末，早期的计算机辅助教学(CAI)系统的产生受到斯金纳程序教学的强烈影响。由于程序教学使用机器，因此人们把 CAI 视为程序教学机的继续和新发展。CAI 具有灵活性和人—机交互作用的特点，弥补了原来的教学机的不足。初期的 CAI 主要用于答疑、练习、个别指导、模拟教学测验、评价等方面的教育教学活动，以后亦用于系统的学科教学。20 世纪 60 年代早期的 CAI 系统主要用于模仿传统的课堂教学，代替教师的部分重复性劳动，未能充分发挥计算机的潜在能力。

20 世纪 60 年代末，美国伊利诺大学开发出的自动操作的程序逻辑系统(PLATO)，向大规模计算机网络发展。1972 年美国杨伯翰大学研制的分时、交互、计算机控制的信息电视(TICCIT)系统，是最早出现的大规模通信网络，可以连接更多的终端，使不同地区共享教学资源，分时系统还使许多学校可以同时共用一台主机。随着计算机容量的扩大和软件系统的改进，计算机可以根据学生的学习情况选择合适的教学资源，使学生变被动听课为积极介入教学过程。这标志着在个别化教学方面，CAI 系统的研究进入一个新阶段。

20 世纪 70 年代，微型计算机的出现和发展进一步推动了 CAI 运动。从 20 世纪 80 年代中期至 20 世纪 90 年代，学校里微型计算机的拥有量迅速增长，许多学校把计算机用于教学。尽管调查表明，CAI 在学校中的开展并没有使个别化教学成为学校教学的主要形式。

在这种教学实践中，形成了一种以学习者为中心、强调学习效果是教学的目的和衡量标准的指导思想及个别化教学模式。由于程序教学的理论基础是行为主义的强化论，这种行为主义的学习理论促进了对学习特性的研究，在程序教材的开发进程中，综合应用行为主义的一些重要概念，产生了系统分析、设计的开发方法和程序，为教育技术的形成奠定了基础。

三、教学系统方法

这种教学方法是一种系统地设计、实施和评价“学与教”全过程的方法。

巴纳西对它做过一般性的描述:“设计、开发和实施(教学)的一个自我完善的、合乎逻辑的过程。它提供了一个程序构架,在这个构架内首先要确定系统的目标,其次进行分析,以便找到达到目标的最佳途径,在这个分析的基础上,就能选择出能够成功地运行这个系统的组成部分,最后,再评价这个系统,为改进组织与实施上的设计变化提供基础。”

这一方法的来源是设计与改进教学的一种经验主义方法。这种经验主义的思想渊源可追溯到 17 世纪的夸美纽斯,他提出应该用归纳法来分析和改进教学的进程。由斯金纳等人所描述的关于编制程序教学的过程是利用经验主义方法(实验方法)解决教育问题的一个典型实例,是“教学系统方法”概念发展中的一个重要促成因素。程序教材的编写过程包括了后来在系统化设计教学的模式中的许多内容。例如,收集有关程序教学材料效果的数据,找出在教学中的缺点并修改材料,这些尝试为以后的形成性评价及修改等奠定了基础。程序教学运动的实践使人们真正认识到影响或决定学习效果的变量如此复杂,需要对教学过程作系统分析才能获得有效学习,这是前提性的工作。

和行为科学有关的一些概念,如任务分析、行为目标、标准参照测试和形成性评价等,为“教学系统方法”的形成提供了科学的依据。

20 世纪 60 年代初,加涅、布里格斯等将上述任务分析、行为目标和标准参照测试等理论、概念与方法进行有机结合,提出了早期“系统化设计教学”模型,当时称为“系统化教学”(Systematic Instruction)或“系统开发”(System Development)。1969 年,布朗等人在《视听教学:媒体与立法》这本著作中提出了系统化教学的模型,此模型的一个显著特点是所有的教学设计活动,都以学生为中心,充分考虑到学生的需要和能力,根据学生达到的学习目标的情况修改教学。在这一过程中,每个步骤都很重要,老师的主要作用是为系统化的教学制订计划。

在设计与改进教学实验方法的实践中,受到行为科学的理论与概念的影响,特别是程序教学的课程开发模式和一般系统理论的影响,逐渐形成对教学过程系统化设计的思想和分析、设计、实施、评价的教学系统方法与实践模式 。

第二节 教育技术的定义

在教育科学发展过程中,教育技术作为一个独立的领域是在20世纪初期开始的。这时的世界仍处在第二次产业革命(或工业革命)期间,科学技术和工业化生产的发展影响着教育的进步,首先在美国形成了采用投影、幻灯、电影、广播等新工业技术的,称之为视听教育的一场教育实践运动。从那时起,随着新信息技术、新教育媒体的不断涌现和发明创造,心理学、传播学、信息科学、系统科学等逐步形成并发展提高,在世界第三次科技浪潮的推动下,教育技术在经历了酝酿、徘徊、形成和发展的八十多年后,已经初步形成了一个较为完整的教育学科领域和理论体系。期间,该领域的定义与内容几经更迭,从初始时的硬件(强调物化技术的应用)发展到软件(媒体硬件和教学软件结合),再进入到潜件(方法、方法论)的演变过程,先后形成过5次较为正式的定义。它们分别是:1963年、1970年、1972年、1977年和1994年的定义。这5次定义反映了教育技术的进步,恰当地描述了教育技术的定义内容的进化历程。

第一次,也就是1963年的定义中指出:"视听教育是教育理论和实践的一个分支,它主要研究如何对控制学习过程的信息进行设计和使用。"这是对20世纪初至20世纪60年代初的视听教育(Audio-Visual Education)运动的一种概括和肯定,准确地表述了当时教育技术的研究对象、内容和领域的教育属性。这一时期的教育技术主要是视听教学,采用投影、幻灯、电影、广播、教学机器等媒体开展教学应用和教学实验。

第二次,也就是1970年,在美国教育技术委员会向美国国会递交的报告中,提出了对教育技术的两种定义方式,反映了七年后教育技术实践的巨大变革和理论研究的重要突破以及教育技术领域的扩展。它指出:"教育技术可以按两种方式加以定义。在人们较为熟悉的定义中,教育技术是指产生于传播革命的媒体,这些媒体可以与教师、课本和黑板一起为教学目的服务,教育技术是由电视、电影、投影、计算机等软件和硬件所组成的。""第二种定义不太为人们所熟悉,这种定义超出了任何特定的媒体或设备及其各组成部分的总和。它指出教育技术是一种根据特定目标来设计、实施和评价整个教学过程的系统方法。它以对人的学习与传播的研究为基础,综合运用人力、物力资源，以达到更有效的教学目的。”两种新的定义方式暴露了人们在教育技术上新、旧观点的冲突和正在酝酿中的一场飞跃。教育技术不但包括媒体技术，而且包括系统技术。

第三次，在 1972 年，时任美国教育传播与技术协会主席的伊利在组织一百多名专家经过一年时间的研讨后，于当年的 10 月发表了重要文章《教育技术领域：定义的表述》。文章中对教育技术的定义为：“教育技术是这样一个领域，它通过对所有学习资源的系统化鉴别、开发、组织和利用，以及通过对这些过程的管理，促进人的学习。”并指出教育技术作为“开发和使用各种学习资源来便利学习的一种系统方法”，它的“主要目标是促进和改善人类学习的质量。教育技术的特点，或它赖以存在的理由，在于它为达到这个目标所采用的哲学方法和实践方法。作为教育技术的特征，其方法也许已被三个先后发展起来的要素所揭示。这三个要素是：利用各种学习资源、强调个别化学习、运用系统的方法”。在这个定义中揭示了教育技术作为一个独特的研究领域的核心内容：利用各种学习资源、以个别化学习为核心、使用系统方法，并将这三项内容综合为一个促进学习的总体方法，以达到实现学习最优化的目标。当时，这个定义还不能有效地综合来自实践、理论和研究诸方面的认识与实际的需要。

此后一直过了 17 年，直到 1994 年由美国人西尔斯和里奇合著的《教学技术：领域的定义和范畴》中提出了一种更新的定义，并绘制了结构图以说明教育技术的框架结构。这个定义既有效地阐明了教育理论和教育实践并重的内核和工作领域，提供了适合非线性教育活动的和便于交流的整体框架，又旗帜鲜明地指出教育技术研究和实践的对象，及其在教育科学中的位置，更加符合现代的教育理念。因此，该定义被认为是目前最完美的一个定义。

该教育技术定义的表述：教学（育）技术是对学习过程和学习资源进行设计、开发、应用、管理和评价的理论与实践。

这个具有内涵性质的定义是美国教育传播与技术协会组织专家、实际工作者、研究人员等经过五年时间的研究讨论，最后在对原有定义修订的基础上提出的。

这一定义的外延涵盖了这样五个领域：

1. 开发领域的印刷技术、视听技术、以计算机为基础的技术和综合（整合）技术的理论与实践。

2. 应用领域的媒体应用、革新技术的推广、实施和制度化、相关的规章制度的理论与实践。

3. 管理领域的计划管理、资源管理、传递系统管理、信息管理的理论与实践。

4. 设计领域的教学系统设计、讯息设计、教学策略、学习者特征的理论与实践。

5. 评价领域的问题分析、标准参照测量、形成性评价、终结性评价的理论与实践。

以上五个领域完全渗透在一切教育教学和与其相关的活动中,例如教育资源、教育教学活动、教育评价、教育改革、教育发展和教育管理等。

如果把教育技术观念的发展、变迁用定义的转换、更替来表述,可以得到这样的结论性表述:20 世纪 60 年代萌芽期,教育技术领域发轫于新视听媒体技术(视、听媒体和视听媒体)的教育应用;20 世纪 70 年代发展期,产生了媒体技术和系统技术(教育媒体技术和设计、实施、评价学和教过程的技术)共存的认识、促进学习的总体方法(各种学习资源、个别化学习、系统方法三项内容综合为促进学习的总体方法)、综合完整的技术过程(设计、实施、评价和管理鉴别、解决问题方案的综合过程,涉及思想、程序、人员、设备和组织等方面,与人的学习的所有方面都有关系)三个认识水平和阶段,不断地完善、扩充、发展和融合;20 世纪 90 年代成熟期,建构成为一个独立的实践领域、完整的学科专业和发展中的研究体系,即"学习过程和学习资源的设计、开发、应用、管理和评价的理论与实践"。

1994 年之前的定义认为教育技术只是一个"过程",该过程包括与人类学习有关的各种因素;而新定义认为教育技术是从设计、开发、应用、管理和评价五个方面全面研究学习过程和学习资源的"理论与实践"。

1994 年之前的定义所说的"过程"是指人们将先进的技术设备、思想方法应用于教育、教学,并使之优化的过程。只是把教育技术看作是先进技术手段和方法的应用,而没有把它看作是一门独立的、有自身价值的理论体系和实践领域的学科。新定义则把教育技术作为设计、开发、应用、管理和评价学习过程与学习资源的各种活动的理论与实践,即认为教育技术已经形成或基本形成了一套自己的用于指导优化学习过程和学习资源的各种实践活动的理论与方法论体系。

1994 年之前的定义认为教育技术是先进的技术手段和方法应用于教育

的过程,其着眼点只是实际应用;新定义认为教育技术是研究如何优化学习过程、学习资源的理论与实践,因此,着眼点是既重视理论研究又重视实践应用。

1994 年之前的定义认为教育技术是与人类学习诸因素有关的过程,而人类学习诸因素的概念是比较笼统和抽象的,既不能为教学设计提供明确的指导思想,也不便为发展教育(教学)技术确定方向。新定义认为:教育技术是对学习过程和学习资源进行设计、开发、应用、管理和评价的理论与实践。学习过程是学习者学习新知识和掌握新技能的认知过程。学习资源是实现学习过程所需要的环境和条件,它有世界固有的资源和人类专门设计的资源,分为:人、工具、设施、材料和活动五种形态。人是指组成教育教学系统的教职员工和有关人员,如教师、辅导员、教育管理人员等;工具是指产生、传递和呈现教学信息的学习资源,如黑板粉笔、视听器材、多媒体计算机、教育电视、直播卫星等;设施是学生与其他信息资源发生相互作用的地方、场所或环境,如教室、图书馆、操场、博物馆、视听场所等;材料是指带有信息的学习资源,如印刷材料、教学录像、教学光盘、教育电影、挂图、计算机教学课件等;活动是发挥其他学习资源的专门行为和方法,包括教授、演示、讨论、人际或人机交互行为、参观、个别化学习、小组学习、协作学习、班级教学等。新定义具有鲜明的操作性、具体的指导性和准确的方向性。

还要进一步说明的是,不能认为上述定义和内容是最终的。因为,信息时代的到来,科学技术、心理科学和生物科学等的进步、发展,无时无刻不在影响着教育科学的变革,成为推动教育技术发展的力量,同时教育技术作为一个年轻的领域,其本身的研究和实践的广阔天地,也是推动教育技术不断发展的重要动力。

第三节　我国教育技术的发展

一、教育技术与电化教育

在我国,把与教育技术关系最密切的一种教育存在称为电化教育。我国的电化教育在本质上与国外的教育技术是相似的。两者的目的都是要取得最好的教育效果,达到教学最优化。两者都是利用新的科技成果去开发新的学习资源,并采用新的理论、新的技术手段与方式去控制教育或教学的过程。但两者毕竟不完全等同。电化教育与国外被称为视听教育的一种教育活动基本相同,电化教育是视听教育的中国化名称。

视听教育在教育历史上有着十分辉煌的一页,它与另外两种教育实践(程序教学和系统方法在教育中的应用)的发展相结合,产生了新的更为全面的教育科学领域——教育技术。所以,有的学者也把电化教育称为教育技术的"昨天"。也正是因为它们有这样的历史渊源,在不严格区分的情况下,两者甚至被作为"同一"的内容混称,尽管他们之间是有很大差异的。主要区别在于:

1.在研究对象方面。教育技术研究学习资源和学习过程的设计、开发、应用、管理和评价,包括与教育有关的一切可操作的各种要素的整合和方法。电化教育研究的主要是利用新科技成果发展起来的电子教学媒体,并将这些媒体恰当地与传统教学媒体结合。

2.在研究方法方面。教育技术与电化教育虽然都采用系统的方法,但由于教育技术面广,它着眼于整个教育的大系统到具体的学习活动和学习经验的个别化系统。电化教育重点放在电教媒体选择组合与教学理论教学方法运用的系统,更多的是把教育这个大系统中的其他因素作为不变因素去研究小系统的控制与变化效果。

3.在研究领域方面。教育技术的研究领域划分得比较细、广,包括所有教育媒体(所有教学设施设备、学校建筑、教室、课桌、座椅、黑板、教具等)的开发、应用与管理的研究、教学系统设计、学习者特征、学习策略和教学的评价方法等诸方面的研究,即学习资源和学习过程的设计、开发、应用、管理和评价五个领域的理论与实践。电化教育研究领域比教育技术的研究领域范围窄。它只对视听教育的理论、设备、教材、教学法、管理等进行研究。

二、教育技术与现代教育技术

教育技术包含教育中的现代教育技术内容,使用现代教育技术这个词的原因,可以归纳为两种情况:

一是我国有一些学者认为,教育技术是在教育、教学过程中应用的一切技术方法、手段的总称。这种广义的观念把古代"口耳之术""言传身教的技能技巧"都包括在内,为了把这些自古就有的传统教学方法和手段与 20 世纪的建立在新科学技术基础上的媒体技术、系统技术加以区别,把后者称为现代教育技术。

二是利用现代教育技术的概念来界定教育里的现代技术，即包括卫星通信技术、电视技术、计算机技术、网络技术、虚拟技术、系统技术等在教育中的应用。其含义是强调这些现代技术在教育中的开发与应用。

这两种认识无一例外都认为现代教育技术具有阶段性、时期性，显然现代教育技术是从属于教育技术的。使用现代教育技术一词的出发点或立意在于“学习和探讨更多地着眼于那些与现代科学技术有关的学习资源和现代学与教的最新科学理论和方法上”。

根据上述情况，从学科领域的角度看问题，只有教育技术最为全面，能够真实地反映和说明领域的整体情况，能够不存遗漏，恰当地与教育科学范畴融合起来。唯有教育技术最具代表性，继往开来，可以承续最早的人类教育发展的脉络，能够说明领域今日之盛况，又代表未来的发展性，既包括理论界的研究，也涵盖了实践方面的所有“临床性”工作，并代表着未来整个本领域在教育中的地位和在教育中的发展。我国的教育实践领域中，教育技术与电化教育、现代教育技术之间在应用方面并不存在明显的矛盾，只是在学术界存在一些争议。尽管如此，有分歧并不影响教育技术的普及和教育事业的发展，相反，学术争议的热烈不仅反映出教育技术是一个处于发展中的具有鲜活生命力的领域，也进一步促进、推动教育技术学科理论的繁荣和发展。事实上，教育技术正是这样一个既具备“基本的框架”，又处于不断前进中的、丰富的领域。

三、教育技术学的学科性质

教育技术学属于教育科学领域里的一门新兴的分支学科，教育技术学经过几十年的理论和实践探索，已经逐步建立起自己的理论框架，有了本学科特有的研究对象、内容和方法以及研究和实践的队伍，并且以其独有的观察、分析和解决问题的方式立足于教育科学中。

教育技术关注的焦点并不是科学技术本身，而是现代科学技术在教育过程中运用时所蕴涵的教育、教学的规律。

教育技术学属于教育研究中技术学层次的学科，其研究在于探索如何分析、解决具体教育、教学问题，获取改善教学的处方，并且强调能够在相同教学情境中重复使用这种处方来解决问题，体现了技术的可重复性。

教育技术学是具有方法论性质的学科，教育技术学业知识体系的核心思想就是系统方法。

教育技术不是一般的某种教学方法的应用，它将三种方法（学习者为中心、依靠资源、运用系统方法）综合应用于教育、教学的理论与实践。教育技术重视分析、研究学习者的特点（诸如行为水平、能力、知识基础、年龄特征等），因为学习者的情况会对选择目标、确定步调、确定评价性质等许多教育决策产生直接影响。在教育技术中，解决问题的表现形式是依靠开发、使用学习资源与促进个别化学习来提高人的学习质量。学习资源包括信息、人员、材料（教学媒体软件）、设备（硬件）、技巧和环境，是一个复杂的系统。要使它们在学习中产生整体功能，发挥优良作用，就必须通过对系统的设计实现优化组合。因此需要进行一系列的教育开发工作，进行有效的教学资源开发和有效的教学过程设计。

教育技术重视一切学习资源或者称为人类的学习媒体的开发、应用、管理、设计和学习者的学习经验，强调用科学的系统方法来分析和整合“教、学”过程。例如，利用系统方法对教学活动进行设计，经过需求分析、内容分析、学习者分析，制订出可以操作的逐次递进的学习目标，并根据这些学习目标选择适当的策略，以形成一个完整的教与学的设计方案，并在方案的试行中，进行评价总结，依据需要作必要的调整和修改。这样的系统过程为实现优化教学活动提供了途径。

可以将教育技术应用于解决教学问题的基本指导思想总结为：以学习者为中心、依靠资源和运用系统方法三个内容的整合应用。其基本的实践原则是首先要鉴定问题，弄清所要解决问题的本质，然后根据问题的实质来研究、设计解决问题的方案。其操作程序是按照系统方法的程序和步骤来操作实施。操作过程可分为六个步骤，即鉴定、设计、选择、实施、评价和修改与推广。亦可概括为两个基本环节，鉴定问题和解决问题，即首先确定要解决的是什么性质的问题，然后再根据问题的性质来寻找解决问题的方案。

可以这样说，教育技术早已普遍存在于各种教育教学活动中，无论是采用学校的班级授课、个别化教学，还是小组合作学习的教学形式，都或多或少，或部分或全部涉及一些使用媒体的教学技术内容和不包含实在媒体的相关方法、策略等的教学技术内容。例如，在日常教学活动中涉及的传统的教育媒体——教科书印刷品、黑板、粉笔、实验室、教具、挂图，及条件较好的学校配备的现代的教育媒体——幻灯机投影仪、电视录像教学、计算机辅助教学、卫星教育系统等。同时，教师常常进行的课前备课，根据不同的教学内容和学生特点选择使用相应的教学程序和方法，了解教学效果、学生学习情况的测验等，都属于不包含实在媒体的相关方法、策略等的教学技术内容。因此，一切教育活动都涉及教育技术的内容。

虽然教育技术本身对于人们来说并不是陌生的事物，但是，作为专门的学科内容，一个研究卓有成效的领域，一套对改善教育效果、对教育发展和改革存在着巨大潜力的有效方法和专业知识技能，还未被所有教育工作者认识、熟悉、掌握，需要更多的学习、使用和进一步推广。

四、教育技术组织机构的发展

1978 年，教育部成立电化教育局和中央电教馆，之后各省市的教育行政主管相继成立了各级电化教育机构，并形成了比较完整的体系和网络。与此同时，在邓小平同志的直接关心下，我国创办了中央广播电视大学，且目前已发展成为较完整的远距离高等教育系统。

五、目前我国教育技术发展中存在的一些问题

1.重电轻教，重硬轻软。

2.重教轻学，重服务轻指导。

第四节　教育技术学的研究方法

一、研究的意义

作为教育科学里的一门独立学科，教育技术学的使命不仅是反映教育技术的现象，更重要的是描述以教育技术现象为基础的教育规律，尤其是教育技术综合了多个其他科学领域的新的知识、技术、方法。这些新的知识、技术、方法不可能自动产生优化教育的效果，只有通过研究，发现规律并进一步开发，才能真正与教育实践优化组合并有机地融合起来。所以，教育技术学同样需要进行自己的教育科学研究，没有研究就没有发展，也不可能进步。

教育技术学要研究的对象是教育技术，或者说，对学习过程，学习资源

的设计、开发、应用、管理以及评价过程的理论和方法的研究是教育技术学的科研内容。这是一个独立的、具有特定范围和理论指导的研究领域。如何认识和把握这一教育科学研究的新层次——技术学层次的研究,促进教育的最优化,这里不仅有理论问题,也有应用问题,不仅涉及方法规律还包括实践操作的内容。例如,教育传播理论与学习资源的设计、开发、管理;人工智能技术与设计学习环境;建构主义学习理论和信息加工理论与学习过程的设计、开发、应用;现代教育理念、现代教育结构与教育技术;等等,都是意义深远的当代教育研究领域。

教育技术学是教育科学发展到一定程度的重要成果。现代教育由于教育技术的参与,改变了教育过程的模式,在模式的组成中不仅有教师、学生、教育内容,还加入了教育技术这个要素。这一要素的加入虽然没有改变教育过程的实质,但是的确改变了教育过程的模式,改变了教育过程的组织序列,改变了分析和处理教育、教学问题的思路。所以,教育技术学的研究不能只是单纯地研究各种视听教育媒体在教育过程中的应用、各种视听教材如何制作,而且要研究现代教育过程的构成及其规律;研究基本要素的相互关系;研究教育、教学系统的设计、实施、评价;等等。所以,教育技术学的研究属于教育科学研究的范畴,一般的教育科学研究方法也适用于教育技术学的研究工作。

教育科学研究是以教育现象为对象,运用科学的研究方法,探求教育规律、创造教育新知、解决教育问题的活动过程。教育科学研究的意义在于:

(一)探索教育规律,解决教育问题

我国教育科学研究起步比较晚。因此,教育科学相对于其他学科发展不够成熟,特别是处于我国社会转型、人类知识激增、信息获取便捷的今天,教育系统遇到了许多新情况、新问题。要适应这种变化,就需要不断丰富发展教育科学理论,解决教育实践中遇到的问题。所有这些要求必须进行科学研究。只有进行科学研究,教育理论才能有新的飞跃,教育实践才能理性发展,教育事业才能不断进步。

(二)进行教育实验,创造出研究成果

20 世纪初,德国的赖伊和梅伊曼分别发表了《实验教育学》和《实验教育学纲要》,此后,以实验法、统计方法为标志的科学的教育研究方法在世界

各地兴起,极大地推动了教育科学研究的发展。各地涌现出一批为教育科学研究做出贡献的心理学家、教育学家,桑戴克的试误学习理论,皮亚杰的认知发展理论,赞科夫提出的"高难度、高速度"教学原则,陶行知提出的"教学合一"的教育思想,等等,都与采用科学研究方法、注重教育实验有关。

(三)促进教学质量提高和教师素质提高

教育科学研究,特别是应用研究、开发研究,研究的对象往往指向当前具体的问题,为解决实际问题寻找最佳的方法,并努力使之具有一般意义和理论价值。因而,研究常常在补充了已有知识缺陷的同时,还推动了教学改革的深入发展,进而带来了教育质量的提高。同时,教育科学研究的过程,也是一种再学习的过程。通过科研,广大教育管理者和教师可以从主要依靠经验的经验型实践工作者逐步培养锻炼自己成为能综合运用教育规律、掌握科研理论和方法的学者型实践工作者,以更高的科学素养,准确捕捉教育科学发展的主流和趋势,积极主动、卓有成效地领导和驾驭教育改革。

依照国际上通用的对科学研究分类的规定,教育科学研究可分为基础研究、应用研究和开发研究。基础研究是指具有普遍意义的规律性认识,它可以为现有教育学科体系增添新的知识,也可能对今后一段时期产生无法估量的影响;应用研究以解决当前的、实际的教育问题为目的,它将直接为教育实践提供可以使用的信息方法;开发研究是把基础性和应用性的研究成果转化为对教育实践中可具体操作的模式、方案、设计和教学用具的研究。也有人认为开发研究是应用研究的一种。总体上讲,专门的教育科学研究机构注重基础研究和应用研究,而非专业化的实际工作者更注重应用研究和开发研究。教育技术是具有技术性质的领域,所以教育技术学的研究更侧重于方法、过程和资源的效果方面,主要以应用研究为主。

二、研究假设和研究设计

教育科学研究是一个很复杂的认识过程。在长期科研实践中,依据科学思维方法,人们总结归纳出进行教育科学研究的一般过程,一般说来包括选择问题、提出假设、变量识别、抽样、实验设计、论证、展开研究,以及研究成果的表述。

(一)选择问题和形成假设

选择问题也就是选定研究的专门问题,可以说是教育科学研究的第一步,也是重要的一步。因为问题的选择不仅规定了研究的方向和内容,也同时决定了研究工作应采取的方法和途径。因此,必须慎重对待。

教育现象和过程是极为复杂的,需要研究的教育问题也很多,然而并非每个教育问题都有进行科学研究的价值,即便是有科学价值的问题,由于受到主客观条件的制约,也并非都可以作为研究的对象。如何着手选择一个研究问题呢?首先,应该处理好选题的几个关系。

1.把握科研方向与个人兴趣的关系。科学研究需要兴趣,兴趣是进行艰苦的科研工作的动力源泉。然而,完全从兴趣出发,忽略教育科学研究的大方向,常常会事倍功半。因此,科研兴趣应在教育科学研究的大方向的指导下培养和发展。我国的教育科学研究从中央到地方都有研究规划和指南,围绕着这些规划和指南选题,不仅可以得到一定的资助,而且可以集中力量有所突破。

2.注意理论研究与应用研究的关系。既要注意克服思辨研究偏重理论,对教育实践问题不够关心的倾向;也要避免应用研究急功近利,缺乏理论指导且处于较低水平的现象。

3.注意冷题、热题与一般问题的关系。教育科学研究的冷题、热题很多,研究起来有新意,相对容易出成果,但如果热衷于追热点、选冷题,最终将导致研究成果的零碎肤浅,难以形成系统、深厚的理论根基。因此,在一定时期内,只有稳定一个研究方向,并在这个方向不断延伸,才能在一定领域中取得丰硕成果。

4.把握一个好的选题的基本特点。好的选题必须有科研价值,即或在理论上要有新突破,或在实践上对教育改革有重要指导作用,或二者兼而有之;好的选题必须具体明确,即问题的界限清楚、针对性强;好的选题必须有可行性,即根据现有的资料、设备、人力、知识、经验等主客观条件的发展成熟程度,恰当选择提出问题的时机和角度。

5.注意克服选题中的几种不良倾向:一是内容宽泛,无从着手;二是主攻目标模糊不清;三是问题太小,意义不大;四是以现有条件研究困难,资料缺乏。

总之,正确选题绝不是一蹴而就的,它不仅要求研究人员具备一定的教育理论基础,而且要从实际出发,善于观察,发现问题,以及通过对事实材料的分析比较,从中不断发展自己的选题能力。

形成假设实际上就是根据已经有的事实和资料,设想出有研究价值的问题的因果或结论。假设的功能在于,它不但是一种带有方向性的有待验证的想象,而且还影响着确定研究活动的过程组织、研究逻辑和研究途径选择。假设不是无目的的胡思乱想,而是把大脑思索的范围限制在所研究的问题上,从而使研究人员探索的目标更加明确。一旦形成假设,研究人员可以根据确定的目标,在限定的范围内有计划地设计、进行一系列的研究活动。因此,假设是教育科学研究探索的必经阶段,是准确把握教育规律的正确途径和有效手段。

想要提出一个好的假设,必须注意把握科学合理假设的主要特点。一般说来,好的教育科学研究假设,一是要具有科学性。即提出的假设要合乎规律,合乎逻辑,它是建立在已有的科学理论或事实的基础上的,而不是毫无事实根据的推测和臆断。二是陈述具有明确性。即假设要以清晰、简明、准确的陈述方式,说明两个或两个以上变量间的期望关系,切忌宽泛、冗长、模糊。三是具有可检验性。即对教育现象间的期望关系能为研究及以后的实践所证实,这是科学假设的必要条件。

(二)研究设计

一般情况下,研究设计的内容包括:对于研究目标、取样方式、研究方法、研究变量、数据分析的设计说明和研究计划的制订。

1.研究目标。

设计研究目标的依据是研究假设,研究目标是研究假设的具体化和可操作化。研究假设是一种理论构思,对于理论构思,可以采用相应的方法直接验证当然最好,但是对那些复杂的、要通过非直接方式验证的假设,则需要把它们设计成可以重复的、可以操作的、可以验证的研究活动,或者说,针对假设设计出以有有意义的、分层次或阶段的、能完成的具体目标为特征的研究方案。研究目标可以根据假设所需要的前提条件逐级分解,分解的前提条件是需要具备涉及教育科学原理、现代科学技术和系统方法等多学科的广博知识和综合应用能力。这是一个问题解决的过程。研究活动的形式可以是调查、实验、观察、整理文献等研究方法中的任何一种或若干种。一般来说,任何研究假设都可以设计成相应的有目标的研究方案,研究目标应该与具体的研究活动相联系。例如,假设“新教学方法的效果好”,可以设计成以“进行新旧两种不同的教学方法的教学对比实验”为目标的研究活动;也可以设计成以“把别人完成的相关实验结果和数据作进一步的统计分析,再利用结果说明两种方法的优劣”为目标的研究活动;或是两种情况的设计都采用。对于不同性质的研究假设,需要设计不同研究类型的目标与活动内容才能加以验证。

一个好的研究目标与活动设计,应该满足专门价值、研究实力、研究条件和研究兴趣四个方面的要求。专门价值是指它对假设证明的科学性、有效性、简明性和可重复性。研究实力涵盖三方面的内容:研究者的知识结构,包括知识的核心与边缘,可扩展的方向和可深化的层次;研究者的思维特征,包括思维品质特征和思维路线特征;科研的经验,包括运用各种研究方法的熟练程度和相关的经历。研究条件是实现研究目标所需要的人力物力的大致估计和简单的筹划。研究兴趣指研究者在理智选择的基础上,按兴趣进行第二次选择,它属于一种情感上的选择,研究活动是一种较之其他实践活动更为需要发挥主体能动性、创造性的活动,选择了感兴趣的内容,必然能够使整个研究活动成为一种追求满足的过程,激发人的创造性思维。

2.选择变量。

研究变量是指某一个群体的组成成分间,在性质或数量上可调节、操纵或测量的条件或事物的特征。例如,在比较两种不同的教学方法对学生学科成绩影响的研究中,教学方法、学科成绩都是研究变量。研究设计的重要任务是认真确定研究涉及的所有变量。常用的变量有:

(1)自变量与因变量。自变量与因变量源于数学。自变量是研究人员操纵的变量;因变量是研究中我们要测量的变量。一般认为,因变量的值取决于自变量。在上面的例子中,教学方法就是自变量,而学科成绩则是因变量,被假设受教学方法的影响。

(2)控制变量。控制变量是一个同研究目标不相关的非研究变量。由于它会对研究结果产生影响,所以在研究过程中要加以控制。在上例中,如果男女性别对因变量影响的差异被确定,那么性别就是控制变量。

(3)中间变量。中间变量是可以推断其存在的变量,但它不能够被控制或测量。如果它产生影响,其影响只能从研究的自变量和因变量的关系之中推断出来。还以上面的“教学方法、学科成绩”的研究为例,学生的学习风格就是两者之间的一种中间变量。

哪一个特定研究都不会局限于一个自变量、控制变量、中间变量或因变量。上面的例子是为了方便说明问题，而在实际研究中的变量还可能包括多个学校，学生按以前的成绩进行高、中、低分组，等等。因此，在设计研究程序时，必须逐个考察每个变量所起的作用，辨别关键内容，这是提高研究客观性的重要保证。

3.抽样。

许多教育科学研究活动可以包含总体的所有个体，但是受时间、财力、物力和精力的限制，以总体作为研究对象往往是不可能的，而且也是不必要的。通常采取的方法是从总体中选取一部分作为研究对象，这就是抽样。抽取的那一部分样本的数量叫做样本容量。进行教育科学研究，总是想把研究得到的结论，能普遍应用到同类情况甚至更大的范围中去，因此，样本必须具有典型代表意义。确定抽样的科学方式、样本容量等是研究设计的重要内容。为了保证抽样的科学性、代表性，应遵循四个方面的基本要求：

首先，一定要明确规定总体界限。总体界限就是实验结论将要应用推广的范围，结论推广到哪一个范围，就要在哪个范围内抽样。比如要进行"初中学习困难学生教育的研究"，抽样的对象是什么呢？是重点中学初中生还是一般中学的初中生，是哪个年级或年龄的初中生，还有"困难学生"的含义是什么，都需要事先考虑清楚。

其次，应该随机抽样。也就是说总体的每个个体被选入样本的概率都不为零。换句话说，总体的每个个体都有机会被选入样本中，从数量上保证样本能够代表它所属的总体。

再次，应该正确估计抽样误差。抽样误差值的大小是反映样本代表性的重要指标，抽样误差值越小，样本越具有代表性。因此，要注意抽样误差值的测定，并努力将误差控制在最低程度。

最后，要保证样本的合理容量。一般来说随着随机样本的容量增加，相应抽样误差会逐渐减小。但是，样本过大又不利于进行工作，所以，有时还需运用一些统计分析方法。另外，抽取的样本是否有代表性，最终还必须作统计学上的显著性检验，这里限于篇幅，就不多作介绍了。

4.研究方法。

选择适当的研究方法是研究设计的重要内容。教育科学的研究方法可以分类为：思辨、实证、数学统计、符号四种类型。在确定研究方法时，可供选择的搜集事实与数据的方法有多种，如实验法、谈话法、观察法、问卷法、测量法等。而每种方法又可采用不同的设计形式,如实验法有实验室的实验设计与现场的准实验设计的形式之分;观察法有时间取样和事件取样等不同方式的设计。各种研究方法都有其优点、局限性和其特定的适用条件,同时,其各自的搜集事实资料与数据的形式、类型、设计方式也不同。在研究设计时,应根据研究目标、研究对象的特点(如儿童与成人)、研究的主客观条件、各种方法的优缺点与适用条件,选用最适当的设计方式去解决研究课题所提出的具体问题。由于同一研究课题往往可以用多种方法搜集数据,而每种方法又有其优点与不足,因此,提倡同一项研究设计多种研究方法,以相互取长补短,提高研究的整体信度、效度。

5.统计分析方法。

在研究设计的时候,应该考虑如何对收集到的研究数据、资料进行整理、分类,将用什么方法进行统计分析,并据此对收集资料的方法和内容提出进一步的要求。例如,如果研究结果用计算机处理,则在问卷设计时就应考虑到如何使数据的录入更方便。如果事先不加考虑,就可能出现找不到适当的统计分析方法、数据录入困难等情况,从而影响研究工作。

在收集到各种研究数据之后,就需要进行数据整理并对结果进行统计分析。选用的统计分析方法应该保证适当的信度和效度,而且要可以重复证明(信度),并能够运用研究数据有效地证明研究结果。数据的统计分析一般先进行描述统计整理,再运用推论统计进行证明,常用的推论方法是 z 检验和 t 检验。

(三)制订研究的计划

制订研究计划时,不但需要认真考虑研究的理论基础、具体课题和研究方法,而且应该充分预计可能遇到的问题或困难。在研究计划的制订过程中,还应广泛听取同行的意见与建议,交流研究的理论构思,讨论研究的目标和具体方法,从而完善整个研究计划。

研究计划制订的基础是研究设计。它是对如何实现某一研究的行动规划、时间规划、经费规划和组织形式规划,也是对研究过程的进一步明确和限定。对于具体的研究内容,研究计划的内容并不是一成不变的,通常存在差异。一般情况下,研究计划的主要内容是划分工作阶段与程序,明确每一个阶段的工作任务和要求,估算每个阶段需要的工作时间,确定研究的组织形式,列出研究人员的分工职责与合作项目,规定对研究工作开展状况的检查时间与方法,以及研究成果的形式、评价与鉴定,研究经费的预算,等等。所以,研究计划是对整个研究过程的全面规划,应把它建立在对研究活动的系统分析的基础上,寻求最佳组合。研究计划应包括以下三个主要方面:

1.研究的目标和理论框架。说明研究的具体内容和问题,阐述研究的理论框架和研究假设,指出有关理论(国内或国外的理论)对于本研究的意义。

2.根据以往研究的考察结果,说明与该课题有关的早先的知识与经验。总结以往的研究和尚待解决的问题,使本研究建立在以往研究的基础上。

3.研究的设计与方法。阐述研究的设计,做出主要变量相互关系的图解,确定研究总体及取样方法,说明收集数据和统计分析的方法。

很多研究在开始前都要求提交研究计划。它为项目评价提供根据,为研究项目顾问的指导帮助提供基础,便于组织研究参加人员讨论分析和聘请有关专家顾问提供批评建议。

三、研究实施和研究数据分析

实施指贯彻研究设计中已经确定的思路和策略,按照研究设计中确定的方式、方法进行资料数据的收集工作。这是使用具体研究方法的阶段,也是研究工作的主要内容。数据分析的任务是对实施过程中收集到的原始资料、数据进行系统的审核、整理、归类、统计和分析,通过对研究数据的定量和定性分析,产出研究的结果和结论。

四、研究成果的表述

教育科学研究工作的最后的步骤是研究成果的表述,能否以适当的形式,准确、全面地表述研究成果,将直接影响研究成果的价值大小。对教育研究成果加以表述的意义在于,科学地归纳总结自己的研究成果,接受社会的鉴定、评价,促进学术交流,丰富教育理论,推动教育实践工作的发展。其表述方式大体上可分为两种类型:一种是用事实说明问题,其特点是材料具体、格式规范,科学客观地呈现研究过程和方法。例如教育调查报告、教育实验报告、教育经验总结报告都属于这种类型。另一种类型是用逻辑论证说明问题,其特点是论点明确,论据充分,论述严密,清晰地阐述某一新观点或新理论。例如学术论文、学术专著。上述两种表述方式在实际运用中,并非泾渭分明,也经常结合使用,只不过各有所侧重罢了。教育研究成果表述的重要形式是研究报告或论文的撰写。从构思到完成,一般包括拟定写作提纲、撰写报告或论文初稿、推敲定稿三个步骤。教育研究报告或论文的结构,根据其内容不同是多种多样的,没有固定的模式,但基本上包括前言、正文、结论三个主要组成部分和题目、附录两个次要部分。

(一)题目

题目反映报告或者论文的主要内容,通过题目,读者就能知道报告或论文的内容。因此,报告或论文的命题必须确切、简练、醒目。

(二)前言

前言是论文或报告的序言,或称开场白,即开宗明义地交待清楚论文或报告的目的、意义、任务或方法。力求简明扼要,直截了当。

(三)正文

正文是论文或报告的主体。正文部分是对研究内容的全面阐述和论证,是报告或论文的关键部分,它体现了研究的质量和水平。因此,要观点明确、材料翔实、论述严密。

(四)结论

结论是一篇报告或论文的结尾。目的在于总结全文、深化主题、揭示规律,是点睛之笔,切忌勉强拼凑。

(五)附录

在论文或报告的结尾处应该以规范的形式注明作者所直接提到或引用的资料来源。

第二章　教育技术学

第一节　教育技术学概述

一、关于教育技术学的产生和特点

教育技术是从视听教学方法、个别化教学方法和设计与改进的实验方法的基础上发展起来的。随着科技手段的引入和有关理论(传播理论、系统科学理论、学习理论等)的影响,形成了以对教学过程的设计、评价技术和教学媒体开发与利用技术为基本内容的教育技术。教育技术学是在教育技术的发展过程中不断地完善自己的指导思想和理论框架,并逐步从教学方法范畴中分离出来的一门新兴的教育分支学科。它区别于其他教育分支学科的特点不是表现在这个学科的目的任务上——改善和获得有效的学习结果,而是在于它分析、解决教育和教学问题的思想、手段、方法和方法论。正如伊利在 20 世纪 70 年代初期所说:"教育技术领域的主要目标是促进和改善人类学习的质量。由于这个目标提出的任务是由教育学科的各个分支所共同负担的,所以它就不能作为某个特殊领域的理论依据而提出了。教育技术学的特点,即它赖以存在的理由是它达到这个目标的哲学方法和实践方法。作为教育技术的特征,其方法已被三个先后发展起来的模式所揭示。在以往 50 年间,它使这一个领域得到发展。这三个模式是:应用各种各样的学习资源;强调个别化学习;运用系统方法。正是这三个模式被综合成一个促进学习的智慧方法和操作方法时,就形成了教育技术的特点,从而也确立了这个领域的理论依据。"从这段阐述中,我们可以清楚地理解到教育技术学在分析、解决教育与教学问题中的基本思想、操作方法与方法论,以及学科的性质和特点。所以我们认为教育技术学是用系统科学理论、传播理论和学习理论的思想、原理和方法研究解决教育和教学问题，探讨学习模型的建立与实施的技术过程以及媒体应用的理论和实践。

正如加涅所说："教育技术学领域的一个基本目标就是促进和辅助在教学的设计和传授中应用那些众所周知并得到证实的方法。因此，从理论上讲，教育技术学研究的核心可以认为是对有效的学习条件的研究，技术学可以用于改善教学的设计和传授。"可是，由于教育技术的发展只有几十年的历史，是一个新兴的领域和学科，不同背景的学者和实际工作者从不同的角度对教育技术提出了不同的定义和界定，并且都在实践中取得了相应的效果。因此，我们没有必要对它们做出判断，应相互借鉴，允许各自发展。

二、关于教育技术的定义与实质

从 1963 年到 1994 年，在美国先后出现了 5 个主要的定义。定义的变化反映了教育技术领域逐步走向成熟的过程。AECT 出版的《教学技术：领域的定义与范畴》一书中给出了最新的定义：教学技术是为了促进学习，对有关过程和资源进行设计、开发、利用、管理和评价的理论与实践（以下简称 94 定义）。这个定义是一个具有纲要性涵义的规定性定义。它较明确地说明了教育技术领域的目的、观点、对象、范畴和主要特点。这个定义的内涵与我国 1991 年出版的教育大词典中有关教育技术学的学科定义的主要方面（如目的、观点、对象、范畴、特点和研究方法等）是基本一致的。所以 94 定义虽然是作为领域的定义和范畴来发表的，但它基本上是侧重地体现了学科定义的性质。94 定义一书的作者在另一篇文章中亦表达了这种观点。在这 5 个定义中 1970 年的定义是一个规定性定义，说明了教育技术是什么的问题。1977 年的定义是一个过程性定义，描述了教育技术的操作过程和各要素间的相互关系。就定义的实质而言，伊利曾经对教育技术的定义作了研究，并指出各种定义均有三方面的主题思想："它们表达了一种系统化的方法，一种对手段的研究，一种具有某种目的的领域。"94 定义一书中将手段解释为过程和资源，将系统化描述为设计、开发、应用、管理和评价 5 个范畴。它反映了教育技术从一场教改运动到一个领域和行业（由相应学科专业人员构成的行业）的演变过程，以及这个领域对理论与实践做出的贡献。所以教育技术的实质是描述解决教和学问题的技术过程和工具的使用。

三、关于教育技术学的理论基础、技术基础和基本原理

教育技术在发展过程中应该从教育学、心理学、传播学、系统科学等有关的研究成果中寻求理论依据,作为自身进一步发展的指导理论。同时,在自己的领域内亦需要从实践中总结出规律并把它上升为理论以指导本领域的实践。由于教育技术学也具有应用性学科的特点,其理论体系中的大部分概念与理论依据来自其他相关学科。但教育技术学的理论架构是新的,融学习与教育心理学、传播学、系统科学等学科的概念、原理和方法于一个有机整体之中,创造出一门新的学科体系。正如94定义一书中所指出:"教育技术是教育中的媒体、教育心理学和系统方法的融合。"其中,教育中的媒体的概念与理论均来自传播学。媒体作为传播过程的基本要素,它是解决信息传播的基本手段。系统方法的基本内涵是系统科学的整体研究思想和科学的操作方法(系统工程方法),它是分析、解决教学过程和教育过程所涉及的因素和各因素间关系的指导理论,并根据教育心理学中有关学习模型和学习结果类型对教学过程进行总体设计,从而开发出一个有效促进学习的过程并付诸实施。在设计过程中,教学媒体的选择或开发是一个重要的环节,而教学媒体的开发与应用是以印刷技术、视听技术、计算机技术和整合技术为基础的。特别是现代通信技术与网络技术的发展,使获得有效学习结果的手段与形式更加丰富,使建构主义学习模型的实现成为可能。所以说教育技术是描述解决教与学问题的技术过程和工具的使用。这里的技术过程指的是对过程的系统化设计,工具的使用指的是教学软件和传播手段的应用。从以上分析可以得出教育技术学的理论基础有两个方面:一是过程理论,即传播理论和系统科学理论;二是教育心理学的学习理论,即行为主义学习理论、认知主义学习理论和建构主义学习理论等。而印刷技术、视听技术、计算机技术、通信技术和网络技术等是它的技术基础。

四、关于教育技术的实践领域

教育技术实践领域属于教育实践的特定的组成部分,它是应用教育技术学的理论、手段和方法来分析、解决教与学实际问题的一个领域。它是按照系统方法的操作程序来解决教学问题的,即按照鉴定需求、寻找问题解决

方案的技术流程，来设计、开发、应用、管理和评价教学过程和教学资源。在这个系统化分析、解决问题的过程中，还需要各种相关理论和分析、处理技术（如需求分析技术、数据处理技术、评价技术、系统管理技术等）的支持。但在实际应用中，整个系统与过程中的部分因素已经确定。因此，在实施的过程中并不一定需要按照系统方法的线性过程来操作，往往是一个非线性化的操作过程，起点亦不同。在有些情况下，需求已经确定，甚至传播教育信息的手段亦已经确定，例如远程教学中的网络教学形式和学校教学中的课堂教学形式。在这种情况下，只需根据已知的条件应用教学设计理论来设计、开发解决问题的方案和策略。在长期的教育技术实践和应用中积累了较丰富的经验并形成了较定型的教学模式，如以视听技术为基础的集体教学模式、以计算机技术为基础的个别化教学模式、以过程技术为基础的小组教学模式、以网络技术和通信技术为基础的远程教学模式。但必须指出的是，这些以技术来命名的教学模式的应用，必须以教育技术学理论与方法来设计、开发、应用、管理和评价整个教学过程，从而获得有效的学习。如果离开了教育技术理论的指导和应用，只是一些技术手段的应用，则不能说是教育技术的实践领域。其本质的区别在于是否应用了对过程的教学设计理论，而技术手段的应用是排在第二位的。因此，在实践中应注意加以区别。例如远程教育，它有其自身的理论与方法，其理论称为远程教育学，它是教育实践的一个领域，但不是教育技术实践领域的一个方面。如果是应用了教育技术理论与方法的远程教学，则属于教育技术实践领域的一个方面。虽然其中有些交叉，但不能混为一谈。此外还应指出，这些教学模式无论是学校教育、职业教育，还是远程教育，都是根据教学目标和学习任务有选择地综合使用的，或以一种教学模式为主，其他模式配合使用，不能机械地认为学校教育只能使用集体教学模式，远程教育只能使用个别化教学模式。如果这样来理解就有点儿形而上学了。这些教育模式是教育技术在教学模式中应用的概括。教育技术学在实践中的应用还有其他方面，如课程开发的应用、教学媒体的开发应用、管理系统的开发应用和教学各环节的计算机技术的应用等。教育技术的指导思想包含了一些现代教育的理念和解决问题方法的技术学特点，因而受到了教育工作者的欢迎，但它不是高于或替代了其他教育分支学科解决教育、教学问题的理论和方法，而是各有所长。作为教育技术学的应用来说，应从其他教育理论与方法中汲取营养，更好地为教育事业服务。

第二节 广义教育技术定位的确立

一、对技术的认识

技术是一个不断发展的过程。对技术的认识有狭义的和广义的两种，下面我们分别对这两种认识进行介绍。

（一）技术的广义定义

人类发展到工业化社会后，"技术"一词的使用越来越普遍，但是对技术的理解却多种多样。

1. 对技术的五方面理解。

（1）技术是一种能力。

也就是指提出技术原理的能力，发明、设计的能力，操作的技能、技巧以及其他技术实践的能力。与这种理解相关的定义，比如，布罗诺夫斯基定义技术为"人类用以改变环境的各种不同技能的整体"。日本的村田富二郎定义技术为"在生产现场中，直接或间接被充分利用的，只有经过特定训练的人所具备的特定能力"。

（2）技术是一种物质手段。

这里指的是把技术理解为实现目的的物质手段的总和。如苏赫尔金认为"技术一词应理解为人工制造的人们活动的手段的综合"。这里所说的活动的手段是指生产中的工具、机器、设备等有形的技术。

（3）技术是意志。

我们在这里所说的意志包含欲望、需要、动机、意图、奋斗等意义。如汤德尔的定义"技术是人按照自己的需要和意图为了改造世界而在他的活动中置入自身与客观世界之间的东西"。人类的需求和意图是技术的最终目的。

（4）技术是过程或活动。

这里指的是把技术当作一个动态的过程，这一动态的过程由人的发明、设计、制作和使用技术产品等活动环节所组成。

（5）技术是知识。

正如美国的西蒙认为的，"技术不是物体，而是知识"，"技术是关于如何行事,如何实现人类目标的知识”。1977 年,邦格在《技术的丰富哲理》中,将技术定义为“按照某种有价值的实践目的来控制、改造自然社会的事物和过程,并受到科学方法制约的知识总和”。我国也有类似的观点,如中华书局出版的《辞海》中的定义:“技术是人类在争取征服自然力量、争取控制自然力量的斗争中,所积累的全部知识与经验。”

2. 关于技术本质的讨论。

其实这五方面理解,并不是非此即彼,对技术的正确理解应当是这五种理解的综合。所以这五种理解就构成了技术的五个组成部分,综合技术的五个组成部分,可以提炼出技术的本质在于:

(1)技术是有其自身目的性的。

技术就其本质上来说是人类所特有的,技术是与人类的意志和目的密切相关的,是人为达到自身创造世界和改造世界的目的的中介。人类的需要和由此导致的技术目的是一切技术产生的最初动力。

(2)技术是智慧的。

在形成以实现人类特定目标或以解决问题为目的的技术方案的过程中,技术行为不是盲目的。如果说在科学形成过程中和形成之前,技术需要不断地试误,那么在科学日益发展的今天,有效的技术方案一定是建立在相关领域所形成的科学知识或经验的基础之上的。即便仍需要试误,也不再会像斯金纳箱中刚刚放入的猫那样的盲目。

体现技术这个特征的定义有两种,哈维 · 布鲁克斯的定义是:“技术就是运用科学知识以可以复制的形式来解决问题。”当然这里的“可以复制”带有比较强的自然科学的色彩。还有西蒙的定义,西蒙认为:“技术学是为了保证人类掌握物质世界,通过应用科学、可靠的原理而设计的一种理性的学科。”

当然,技术不只是系统地利用科学知识或经验,还需发现或创造性地提出科学知识或经验有效地被用于实践的原则、操作程序或方法等,这是一种创造性地转化或应用,技术体现着人类的智慧!

(3)技术具有整体性。

技术是改造实践的过程,是人们解决实际问题的行动。技术在某个领域中的应用,绝不是为了用技术而用技术,它一定是能够解决这个领域中的实际问题的。所以,技术应当是根据具体的问题情境而形成的一个整体的解决问题的方案,这个方案包含技术知识、技能与技巧或方法、工具或手段、技术目的或意志以及相应的技术活动等所有技术的组成部分。狭义的技术，比如工具、手段或先进的媒体，不可能总是问题的解决方案。正如法国技术哲学家埃吕尔所云，技术是“在一切人类活动领域中通过理性得到的(就特定发展状况来说)具有绝对有效性的各种方法的整体”。

(二)技术的狭义定义

不是同时包含技术的所有本质要素的有关对技术的认识，都应当属于狭义的技术认识。比如：

1. 根据物质性角度定义。即指技术是单纯的物质工具，这种观点是所谓的“工具论”。

2. 根据主观性角度定义。指人类用以改变环境的各种不同技能的整体。这是只有经过特定训练的人所具备的特定能力。我们可以称之为个人或团体的“技能论”。

3. 根据实践性角度来定义。即往往认为技术就是人们在实践中对客观规律性的有意识的应用。这个是技术的“科学知识的应用论”。实际上技术不单纯是科学知识的应用，它对科学知识的发现或形成越来越起到非常重要的作用；而且科学知识在实践当中的应用需要通过技术创造性地转化成可以操作的形式；再有，技术的来源，不仅仅是科学知识，其实还有实践的经验，以及艺术等方面。

4. 根据知识性角度来定义。认为技术不是物体，而是知识。技术是关于如何行事、如何实现人类目标的知识。技术知识是一切技术的基础，但是，只停留在知识上，没有技术行为或活动，仍然解决不了任何实际问题。

5. 根据主客体关系的角度来定义。如汤德尔认为，“技术是人按照自己的需要和意图为了改造世界而在他的活动中置入自身与客观世界之间的东西。这个定义揭示出了技术的“目的性”的一面，即“为了满足人类自己的需要”。

6. 根据动态活动角度来定义。主要是指从技术是人类的实践活动或过程的角度去认识技术。

从上面的关于技术的广义或狭义定义，我们可以把基本的技术构成分成两个方面，即物质的和非物质的。马克思称之为自然的和智慧(精神)的；瑞格鲁斯称之为硬技术和软技术；张诗亚先生称之为物化形态的和智能形态的技术，其实表达的都是一个意思。以下的讨论，为论述方便，我们统一采用物化形态的和智能形态的技术的说法。

二、教育技术定位的研究

(一)从狭义到广义的发展

所说的狭义的教育技术定位就是指采用狭义技术定义的教育技术的定位。典型的狭义的教育技术定位就是媒体论,或更有甚者,定位为现代媒体论。在教育技术的发展过程中,教育技术其实也经历过或正在经历着不断从狭义到广义的技术定位的发展。

1. 从主观性角度来定义技术的教育技术定位

这一形式以教师的教学技能论或技巧论来表现。部分有经验的老师,他们完全依靠多年的教学经验或教学技巧,充分利用自身这个"媒体",或自己制作的教具以及黑板和粉笔,而不愿意采用或拒绝采用其他先进的技术工具的辅助,或一些教育技术知识或理论的指导。

2. 根据物化形态的技术来定义教育技术定位。

也就是说纯的物质工具论,这样的教育技术主要是指"媒体工具说",即单纯从利用媒体的角度企图达到优化教学效果的目的。更有甚者,把教育技术的物质工具只局限在先进的媒体方面,这是教育技术发展的媒体阶段。应当说从理论上我们已经超越了这个阶段,所以,这种说法似乎并不是在文字材料(教材、著作)上的流行话语,但是这种教育技术定位仍然作为一些学者立论的背后的常用假设。比如,关于当前信息技术在教育当中的应用,人们似乎认为只要将信息技术用到教育当中去,教育就信息化了、现代化了,学生的学习效果就自动好了。甚至有些学校或部门规定要在课堂教学中用一定百分比时间的信息技术手段等。

3. "部分物化、部分智能"形态的技术定义的教育技术定位。

典型的例子为高教出版社 1998 年版的《电化教育学》(南国农、李运林)中关于电化教育的定义:电化教育,就是在现代教育思想、理论的指导下,主要运用现代教育技术进行教育活动,以实现教育过程的最优化。现代教育技术,是把现代教育理论应用于教育教学实践的手段和方法的体系,包括以下几个方面:

(1)教育教学中应用的现代化技术手段,即现代教育媒体。

(2)运用现代教育媒体进行教育教学活动的方法,即媒传教学法。

(3)优化教育教学过程的系统方法,即教学设计。

这里说的教育技术定位中的部分的物化形态技术指的是现代教育媒体;部分的智能形态技术指的是媒传教学法、教育理论或系统方法的指导。

4.“全部物化、部分智能”形态技术定义的教育技术定位。

我们所说的全部物化技术指的是一切用到教育上的物质工具。部分智能形态的技术是指系统方法或技术,以及相关教育、心理学理论的应用。这种教育技术定位以尹俊华先生的《教育技术学导论》为代表。该书指出:广义范畴的教育技术就是“教育中的技术”,是人类在教育活动中所采用的一切技术手段和方法的总和。它分为有形和无形两大类。物化形态的技术指的是凝固和体现在有形的物体中的科学知识,它包括从黑板、粉笔等传统的教具到电子计算机、卫星通信等一切可用于教育的器材、设施、设备及相应的软件;智能形态的技术指的是那些以抽象形式表现出来,以功能形式作用于教育实践的科学知识,如系统方法等。狭义的含义指的是在解决教育、教学问题中所运用的媒体技术和系统技术。本书中所涉及的“教育技术”基本上是狭义的含义。

可见,教育技术的发展,呈现出不断扩大教育技术内涵的趋势:从只是教师的教学技能或技巧和教学艺术,到包含物质工具的辅助;从部分物质层面、部分智能层面的技术,到全部物质层面、增加的智能层面的技术。

这一发展是教育技术不断反思自己的过程,也是教育、教学问题日益复杂,教育策略的选择日益丰富的结果。在实际的教育、教学问题面前,我们面临着多种问题解决途径或策略的选择:丰富的教学内容、各种教学组织形式、多种教学方法、多种可选择的教学媒体或资源、多种教学顺序的可能等。因此,在多种选择面前,就存在“适不适合”的问题,就存在为达到最优效果必须通盘考虑各种技术因素、整体设计各种可选技术方案并最终择优的问题。正因为如此,教育技术的发展也逐渐呈现出整体的、广义的发展趋势。应当指出的是,这个发展过程在理论上应当是一个辩证的扬弃过程,既是对以前的教育技术的继承和发展,但是在具体的实践当中,又有重此轻彼之嫌。

(二) 广义范畴教育技术定位的阐述

如果是依照以上这种趋势继续推演或发展下去,那么下一步应当就是走向“全部物化形态+全部智能形态” 这种广义的技术定义下的教育技术定位,这种教育技术定位就是我们要确立的广义教育技术定位(见下表)。

对技术的不同理解	不同的教育技术观
"部分智能形态"	"教学技能论"
"(部分)物化形态"	"(先进)媒体论或手段说"
"部分物化形态+部分智能形态"	"我国当前的电化教育"
"全部物化形态+部分智能形态"	"我国当前的教育技术"
"全部物化形态+全部智能形态"	"广义的教育技术"

对于"全部的物化形态的技术含义"这一问题已经进行过说明,是指所有可用于教育的工具、手段、设施,即所有的可以利用的媒体和环境。那么,全部智能形态的技术指的是什么呢?根据上面的分析,我们知道了技术的组成部分是:① 技术是一种能力;② 技术是一种物质手段;③ 技术是意志;④ 技术是过程或活动;⑤ 技术是知识。技术这五个组成部分中的每一个方面都离不开技术知识。首先,"技术能力"是建立在技术知识的基础上的;"物质手段"是技术知识在有形物体中的凝固和体现;"技术意志"主要指由人类需求而形成的技术目的及其背后的观念,这也是建立在对技术的认识和技术知识的基础之上的;"技术过程或活动"指"如何做"的程序和操作规则,这本身就是技术知识及其应用。所以,全部的智能形态的技术就体现在技术知识及其有智慧地获得与运用方面。这是广义教育技术定位的比较关键的方面。正因为如此,美国技术哲学家米切姆认为"把技术看作知识是一种关于技术的最佳分析方式"。

搞清楚了"全部的物化形态的技术和全部的智能形态的技术的含义",我们就可以进一步论证并确立我们的广义教育技术的定位了。

广义技术定义范畴下的教育技术,就是广义的教育技术定位。这个定位反映了技术的本质特点,即这种广义教育技术定位体现着人类的目的或需求,即以促进人类的学习并进而促进人类的发展为目的;体现着人类的技术理性,即以人类已经揭示或拥有的有关教与学的科学知识和经验为依据;同时体现着人类的智慧,即发现或创造性地提出把与教和学相关的科学知识和相关经验应用于解决教育、教学实践当中的问题的原则、操作程序、方式或方法、技能或技巧以及对所需资源的要求;最后,也是更为重要的一点,就是广义教育技术定位下的解决问题的技术方案包含全部的技术的组成部分,是整体性的。显然,这种教育技术的定位,彰显了教育技术工作当中的创造性、主动性和专业性;而狭义技术定位下的教育技术则更多体现出教育技术的辅助性。

广义教育技术包含三方面的内容:

1.发现或者创造性地提出把与教和学相关的科学知识或经验用于解决教与学实践当中的问题的原则、操作程序、方式或方法、技能或技巧以及对所需要用到的资源的要求等方面的知识。

这个方面的知识是一个观念模型,是计划层面的知识,是对由实践目的和实践计划组成的实践观念的展开。为阐述方便,我们用教育技术知识Ⅰ来表示。

2.将过程和资源进行设计、开发、应用、管理和评价等的知识。这里的过程指的是指向特定结果的一系列的操作或活动;资源指所用到的各种媒体、环境以及相应的支持系统。我们用教育技术知识Ⅱ来表示。这个方面的知识和94定义相近,但又有细微的差别。

3. 基于行动研究的系统方法和形成性研究方法的指导思想、应用模型、实施程序等知识。这一方面的知识是教育技术的方法论性质的知识。我们用教育技术知识Ⅲ表示。

系统方法是教育技术解决教育、教学问题的特有的方法,是教育技术及其学科的核心,是前面两个层次知识的灵魂。首先,不同的教育、教学问题的解决需要利用并转化不同的科学知识或经验。这需要我们通过运用系统方法,鉴别问题和问题的性质,从而找到解决问题需要用到的各种科学知识或经验,并转化成指导实践的原则、操作程序、技能与技巧、方式方法以及相应的对所需资源的要求,这样就形成了教育技术的知识Ⅰ。对于实现这个设想的过程和所用到的资源的设计、开发、应用、管理和评价等也是一个系统化的过程,需要考虑涉及的所有要素及它们之间的关系。这就会影响到教育技术知识Ⅱ的形成。

形成性研究方法是说教育技术知识形成的方法。它是借鉴对过程进行评价并注重改进的形成性评价的思想,对教育技术知识的"适合性"在实践过程中进行验证,并通过实践,改善教育技术的知识的方法。由于教育技术知识的对象是教育、教学的实践活动,因此,它是研究行动、为了行动,并在行动中的研究。所以,教育技术的系统方法和获取教育技术知识的形成性研究方法都是以行动研究作为根本的。

这三方面知识相互联系、相互作用。教育技术知识Ⅲ作为教育技术的方法论方面的知识,是教育技术知识Ⅰ、Ⅱ的指导思想和灵魂;同时,教育技术知识Ⅲ,即系统方法和形成性研究方法的应用模型、操作程序等,也受到来自于教育技术知识Ⅰ、Ⅱ面临的实际的问题和方法论的应用情境的影响,并得到不断的丰富和发展。教育技术知识Ⅰ是实践观念的模型,是对解决问题的整体技术方案的设想和计划,是教育技术知识Ⅱ的基础和根据;教育技术知识Ⅱ是对教育技术知识Ⅰ从计划到实现计划的过程和所需要的资源的设计、开发、应用、管理和评价等方面的知识,会同样对教育技术知识Ⅰ产生作用。

但要强调的是,广义教育技术定位的本质是认为"智能形态的技术或技术知识的获得与创造性的应用"是技术的最为核心的部分,而不是技术的"物质手段"部分。"媒体等的设计、开发、应用、管理和评价"处于广义定位下的教育技术的第二个知识层次的一部分,它建立在教育技术知识Ⅰ的基础之上。这样,"媒体"就被整合进解决教育、教学实践问题的整体技术方案中去并成为其中的一个有机组成部分,而不是技术的全部。我们通常所说的,媒体或资源的选择应在一定的观念的指导之下进行,而不是为了使用媒体而使用媒体,其实,教育技术知识Ⅰ就是这样的一个观念的具体展开。而在这种观念指导之下对媒体的设计、制作和运用,正体现着我们目前提倡的所谓"信息技术与教学或课程整合"的思想。同时,这样定位教育技术之后,可以知道,教育技术不是追求最新、最先进的媒体,它的主要目的是要解决教育、教学当中的问题,以促进学生的学习和发展。选用什么媒体,不是看它是否是最新的、最先进的,而是看它是否适合我们要解决的问题。同时,媒体的"适合性"有理想的和现实的两种状态。在现实情况下,我们在选择媒体时也包括对当地的条件和可能性的考虑。比如,我国还存在广大的贫穷地区,这些地区很难拥有昂贵的最新的、最先进的媒体,如果他们能够有意识地根据教与学的科学知识创造性地进行教学实践,可以根据要求尽可能选用当地可以得到的、可以实现教学要求或部分要求的媒体进行教学的话,这就是非常好的教育技术的实践。相反,那些一味地追求最新的、最先进的媒体,而不顾及科学的教育、教学实践观念的指导的实践,反而不是我们所说的意义上的教育技术。

广义的教育技术定位作为一种观念虽然在教育技术界还没有形成共识,但是在美国、日本等国家有学者一直在从事广义教育技术知识方面的研究,有关这些方面的研究成果我们将另写文章进行介绍。在中国,从一些文章中也可以发现广义教育技术的某些思想的苗头,有学者在一定程度上表达了更为宽泛的教育技术的定位,这里不再赘述。

三、广义范畴的教育技术定位确立原因分析

(一)狭义范畴的教育技术定位导致的一系列问题

在我国,典型的狭义的教育技术定位就是把教育媒体,尤其是把先进的教学媒体的设计、开发和应用当作教育技术及其学科的全部的观念。采取狭义的教育技术定位,在研究和实践当中产生了以下几个方面的问题:

1. 出现程序上的错误。

这一现象出现在电化教育产生的过程中,尤其常见于以"电化教育"为职业的人群。他们致力于推广"电化教育",往往用"电教手段、方法"去找"问题",似乎电教手段是所有教学问题的解决方案,从而陷入了科学研究"本末倒置"的境地,而不是正常的"根据问题,选择解决问题的方法"的研究程序。这是电化教育不能够深入课堂的一个重要的原因。

2. 在教学中产生"为了用媒体而用媒体"的现象。

有些学校做出规定,要在每堂课中用多少百分比的多媒体。于是,有的老师就会"为了用媒体而用媒体",而不是根据教学目标、教学内容和学生的特点进行选择。还有的老师甚至在不该使用某些媒体的时候反而使用了,比如需要培养学生想象力的方面,教师却给学生提供了"具体的图像画面"等,违背了教育规律,制造了教育、教学问题,而不是解决教育、教学问题,与教育技术的目标背道而驰。

3. 有"重形式不重实质"的倾向。

比如,目前"网络教育学院"的实质是通过远程教育的方式,缓解受教育的需求与我们国家教育资源不足的矛盾,从而逐步实现高等教育的大众化;而网络只不过是满足这个教育需求的传递形式之一,是远程教育的一种新的媒体或传递方式。它的出现,会对远程教育的传递、交互等有促进作用。从世界远程教育发展的经验来看,远程教育的进行一直是多种资源的相互结合、互相补充。任何一种媒体都不可能完成这样一个相对面对面教学而言比较有难度的教育任务。因此,网络应当和其他各种资源一起,完成远程教育中促进学生学习的使命。对于我们国家而言,我们应当综合利用已有的资源,比如:中央电大的很多资源,已经具备的卫星电视网络,各高校函授

网络及资源,等等。利用其他资源的优势,并结合网络资源的优势,从而建立"以学生为本,为学生的学习服务"的远程教育体系。

因此,"网络教育"的实质是"远程教育",而不是作为传递形式的"网络"。当前的各种以"网络"命名的教育形式,反映出我们"重形式,轻实质"的问题。结果是,"网络教育"似乎成了一种全新的"新生事物"。既然是全新的事物,那么就一切从头开始起步。忽视我们已有的远程教育的多年经验,不断重复远程教育发展过程中经历过的错误,而不是站在远程教育经验的基础上,充分利用网络来突破原来远程教育的局限,做原来远程教育做不到或效率低的事情,从而继往开来,更进一步发展远程教育。

这种重视形式的倾向,已经、正在或将要产生很大的经济和学术上的浪费。

4. 机构重设导致资金、设备、人员的极大浪费。

因为采用狭义的教育技术定位,把电化教育所指的媒体局限在幻灯、投影、电视、卫星等方面,不包括计算机和计算机网络等。于是,各个高校在有电教中心的基础上,又纷纷成立计算机中心、网络中心或远程教育与通信中心,可谓中心林立。而电化教育中心认为要研究先进的现代媒体,于是也购置计算机等先进设备,招聘人才,形成机构重置,人员重复。由于我们国家目前大力提倡研究教育技术,提出"现代教育技术是教育改革的制高点",于是"现代教育技术"这个名字也炙手可热。由于以前电化教育的机构不愿意改用教育技术的名字,所以一些搞计算机的中心等就打起了"现代教育技术中心"的牌子。

5. 研究队伍分散,研究质量降低。

广义范畴上的教育技术定位认为,教育学领域、心理学领域、社会学领域等一切关注把相关的科学知识用到教育、教学实践当中去解决问题的人们都可能成为我们潜在的同行。由于我们需要发现或创造性地提出与教和学相关的科学知识与经验用于教育、教学实践的原则、操作程序、方式和方法等,因此,学习并深入理解这些科学知识就显得至关重要。

如果总是抱着狭义的教育媒体的教育技术定位,无论在课程的设置,还是在人员的交流、合作的伙伴等方面都会受到一定的限制,关注并从事教育技术实践的人员分散、孤立地从各自的视角进行研究。这在一定程度上在研究的合理性、正确性方面打了折扣。当前,就我们教育技术研究和实践领域中的人员来看,他们在教育、心理、哲学等方面的素质和训练的不足,已经成为教育技术科学健康发展的瓶颈。

6. 对教育技术研究、发展和理论形成起了反作用。

海涅克认为美国大部分教学技术系都是从教育学院的媒体部门发展起来的。在历史上,媒体是作为工具来提高教师的教学能力的。所以,这不仅决定了机构的构成方式,而且也奠定了这个领域的学术研究方向。这样反而成了教育技术理论、研究、发展和实践的局限。

教育学院主要是培训教师,媒体专业就是培训教师有效地使用媒体,培养服务人员帮助教师选择媒体并制作教学材料。这样,这个领域的教职员就把精力主要放到了服务性的课程上,而不是放在建立教学技术自己的基本知识体系方面。从事媒体工作或教学的教职员起到的是行政方面的作用,他们提供材料,并教给老师如何用,似乎根本与学术研究不发生关系。试想一下,如果一个人在选择职业时,主要是想从事服务性或支持性的工作的话,那么他怎么能够适应专业变化的要求呢?如何能够胜任理论研究的任务呢?

海涅克说的美国的情况其实大部分也适用于我国教育技术领域的情况。我国的教育技术学专业诞生于物理学或无线电电子学的背景下,只不过我们的大多数教育技术系或专业并不属于教育学院。从媒体这种狭义的技术定义出发定位教育技术及其学科,确实造成了教育技术理论上的贫穷状态,也致使实践领域出现参差不齐、良莠不一、莫衷一是的局面。

(二)技术发展与分工的结果

首先,教育技术的定位在技术,而技术的发展是一个历史的过程,进而人类对技术的理解也随着技术的发展而不断变化。教育技术的定位应当随着技术的发展而不断变化。

大多数的历史学家认为,技术是指制作活动,或制作和使用人工制品的知识,或人工制品本身。加西特认为划分技术史各时期的主要原则是当时占统治地位的技术概念。他区分了三个特殊概念:①机会技术。在史前人类和当代原始部落,技术的产生只是偶然而无意识的,没有熟练的工匠。②工匠的技术。这是在古代和中世纪,各种技术工艺发展到复杂程度,引起了劳动分工,特定过程的知识和实践只限于特定的行业,形成行会制度和基本不变的技术体系。③工程科学的技术。现代技术则完全是技师和工程师占主导地位。工具与人相分离,如机器、发动机不再由人直接操作,人只是控制它们的运行过程,不以自己的体力作动力。

前两个概念更多地用于指活动技能、技巧或手艺,把技术看作针对环境的行动或活动的技巧、技能;后一个技术概念与大工业和机器时代相关。因为制作技术从手工变成机器,所以人们对技术的理解从关注制作到更关注使用人工制品。在这种关注下,技术成为"制作和使用"的代名词。这种意义下的技术,也经过了蒸汽机时代、机械化时代、电气化时代、原子能时代、电子计算机时代和信息时代。随着时代的进步、生产力的发展,制作产品的工艺过程不再成为问题,那么制作和使用产品背后的观念、科学知识就显得格外重要。现代技术知识已作为独立的理论化、系统化的科学形态的知识学科出现。如果说,过去人们往往把技术理解为机器、工具等设备和操作经验的话,那么现在人们则把技术主要理解为技术知识或技术科学。

可见,技术的含义随着社会的进步不断扩大,从狭义走向广义。那么,教育技术也就应当从狭义的技能论教育技术、工具论教育技术、工具论加方法的教育技术,逐渐过渡到技术知识论指导下的广义的教育技术定位,从而更好地实现教育技术的目标。

其次,技术不断发展会对社会分工不断产生影响。如果说在教育技术发展的初期,制作教学机器、开发教学软件还可能是大学或其他教育技术机构的工作的话,那么在技术不断发展的今天,教学机器、设备的制作早已经归入公司或企业,教学软件的制作在美国也都是 50 多家教育软件公司的主要任务。如果教育技术的研究和实践领域仍坚守制作和使用软件的观点,恐怕今后发展的机会不是很大了。1994 年高利明教授访美归来在北大做的报告中就曾经呼吁当时以拍摄教育电视节目为主要任务的中国电教中心人员进行思考。她说,在美国,几乎每个家庭都可以拥有便携式摄像机,她意识到操作的简单性致使教师根据自己的需要制作教学电视节目完全可行。那么以此为职业的当时的电教中心该做何感想?他们工作的专业性受到了挑战。同样,当前计算机技术的发展,从最早的机器语言到现在的操作系统和应用软件,趋势是越来越对用户友好,利用这些应用软件开发一些教学软件的专业性越来越减弱。因此,教育技术中有关软件的制作和使用,可能越来越不依赖于专业人员的存在。软件的制作,在市场的驱动下,也会不断从学校或电教馆走向教育软件公司。这样,教育技术及其学科需要扩展自己的研究范围,一方面为这些开发教育软件的公司培养教学设计、教育技术的人员,为学校输送更具专业技能的优秀教师或教育技术学研究的高级人才,使他们进一步从事教育技术研究和实践领域的工作，完成教育技术自身的再生产；另一方面，教育技术学学科也需要“生产和传播”教育技术知识，这是广义教育技术及其学科的重要方面。

（三）教育问题复杂性的要求

以前，我们经常会抱着一种还原论的思想看待教育问题，把本来复杂的问题简单化，或者把一个问题分成可以找到相应答案的几个小的问题。解决了这些小的问题，我们就认为由它们组成的大问题解决了。因此，我们分析、解决教育问题的技术方案也就比较简单、线性。

近年来，越来越多的教育研究成果证明，教育领域不是自然科学领域。教育领域中的问题涉及的变量非常多，非常复杂。以前，把一个问题分割成几个小问题之后，在一定程度上就不是原来的问题了。因此，小的问题解决了，大的问题仍然存在，甚至又导致了新的更大的问题，在教育理论和实践领域造成了很多遗留问题。因此，在教育领域，我们需要采用针对复杂问题的整体性的技术解决方案。孤立地从某技术的组成部分出发来解决教育问题的想法，不再适合当前的教育发展趋势了。

（四）教育技术研究和实践领域发展的要求

技术的最终目标是求善，这与科学求真相对。具体而言，教育技术的目标是改善教育、教学的过程或实践，解决教育、教学实践当中的问题，从而促进实现“人的发展”的教育的总目的。教育技术定位从狭义向广义的发展是教育技术不断“求善”的结果。

如果只是依靠教师的教学技能，不可能总是奏效，也不能够培养出学习化社会、信息社会所需要的人才来；单纯靠先进的媒体，也不见得适合所有的学生、所有的教学内容和目标；即使是在所有的教学工具中选择最适当的媒体使用，同时，这些资源的设计、开发、应用、管理和评价的过程也都是在正确的理论指导下完成的，但是，工具也不过是教学策略中的一个方面，它自己也不能保证整个教学效果的优化；利用系统方法，鉴别教育、教学问题，设计解决问题的整体方案，试行、评价并修改它，从而推广、利用并最终实现这个方案，似乎更接近教育技术的“本质”；如果这个解决教育、教学问题的方案是依据教育、教学相关的科学知识或经验，并且发现或创造性地提出了利用这些理论知识的技术“中介”，易于教师的理解、使用和操作，那么教育技术大面积、大范围地改善教学过程的实践、解决教育实践当中的问题的目标就趋向于实现了。

很明显教育技术的定位从狭义到广义的发展，也是教育技术自身目标不断驱动的结果。总之，技术有狭义和广义之分，所以，教育技术的定位也就有狭义和广义之分。教育技术不是为了在教育中使用技术，而是在教育、教学实践当中讲究“技术”，目的是解决教育、教学的问题，促进学生的学习和发展。任何单一的技术组成部分都不可能永远是实际的教育、教学问题的解决方案，因此，从广义的技术含义出发，设计一个整体的解决问题的方案，是教育技术为达到它的目的所必需的。教育技术不断从狭义技术定位向广义技术定位的方向发展是社会、教育、技术、教育技术发展的必然。

第三节　美国对教育技术的定位

教育技术源自于美国。了解并分析美国对教育技术的定位问题认识的发展过程和观点，对正确定位教育技术是必要的。中国教育技术对美国教育技术的了解更多地集中在美国 AECT 历次对教育技术的定义进行的分析上，并剖析几个有代表性的美国学者的观点，以更全面或更清晰地认识美国教育技术界对教育技术定位或身份问题的认识。

一、对美国相关学者观点介绍与分析

下面是对 6 位具有代表性的美国学者的观点进行的介绍和分析。从这些观点中我们可以看到，他们都是从技术的视角认识教育技术，只不过在对技术的理解上存在细微的差异，或者对技术的理解正处于不断的发展过程当中。

1.塞特勒学者的观点。

塞特勒是美国首屈一指的教育技术历史分析家。他的著作被广泛关注并成为该研究领域必读的专著之一。从他对美国教育技术历史进行的分析中，我们可以看到他关于教育技术的定位问题颇具启发意义。

塞特勒在他的书中采用的是技术的广义定义。它超越了技术的单纯的表现形式，而逐渐接近技术的本质。他说：“在过去，很多技术革新并不涉及工具或机器，比如劳动分工。过去工人要执行所有的操作程序来制造一个

产品，而在新的方式下，每一个产品，每个人只需要执行一小部分操作。这样技术就集中在提高技能和组织工作方面，而不是在工具或机器方面。”可见，这种技术的理解除包含技术的“技能和技巧”方面之外，把“劳动分工”也看作技术，这是一种无形的技术。他认为，在现代意义上，“技术是以实验、科学理论为基础的任何系统化的实际知识的应用，这种知识可以提高社会制作品和服务的能力，并体现为生产的技巧、组织和机器”。这种对技术的理解，除了前面提到的技能、技巧、方式或方法等技术要素之外，同时又指出“技术是知识的应用”，而且技术知识的形成是以实验或科学理论作为依据的。

依据塞特勒上述的观点，他认为教育技术相对于产品来说更是一个过程。教育技术作为一个过程，产生于当一种知识开始被系统地应用于教学时的早期技术传统。这样，塞特勒就把教育技术的起源追溯到人类文明的开始。在他的著作中，他认为夸美纽斯即使不被认为是现代程序教育的发明者，也可以被认为是现代程序教学的先驱。卢梭提出了“教学要遵从儿童的自然发展阶段，要用适合的技术以适合每一个阶段”；赫尔巴特开发了教学的第一个系统：四阶段学习设计，蒙台梭利通过她开发的设计，为每个学习者提供适当的学科内容的各种级别的材料，为教育技术施加了动态的影响，这些都是生动的教育技术的思想和实践。可见，在广义技术定义下的教育技术的历史和教育的历史一样久远。塞特勒认为的教育技术的主流是指：“所有倾向于以教和学过程的心理学原理和其他一些经验数据为依据进行教学的实践。”从这种意义上，塞特勒甚至说过第一个用动物做学习实验的桑戴克是现代教育技术研究和分析的历史起点。当然，他的教育技术主流的思想具有一定的心理学的倾向，正如美国教学理论具有心理学倾向一样。

2.埃林顿学者的观点。

关于教育技术领域中的问题，埃林顿对“教育中的技术”和“教育的技术”作了区分。他认为，“教育中的技术”指呈现信息的所有可能的工具，它包含硬件和软件。教育技术的早期发展阶段是硬件阶段，之后，试图在教学中使用这些设备时发现缺乏软件，于是，教育技术的发展进入了第二个阶段，即软件阶段。由于教学软件应当以学习和感知理论为基础进行开发，这样，在教育技术的早期发展阶段，就可以看到“技术”一词在发生变化。开始，教育技术中的“技术”一词具有工程学方面的含义，是与光和电的设备紧密相关的，后来，“技术”一词越来越和学习理论和心理学发生联系，以开发出好的教学软件来。这种思考，就指引着人们形成对教育技术的一种新的、更为广义的理解，即教育技术作为“教育的全部技术”，而不是只是“教育中的技术”。“教育中的技术”只是教育技术的一个组成部分。所以，教育技术就是指教育的技术。它的基本原理就是帮助提高教学过程的总体效率。而要提高总体效率，就必须运用“教育的技术”的途径。这个途径包括对整个系统的研究，利用合适的教育研究的成果以及学习的理论和模型，可能会用到心理学、社会学、工商管理、系统分析，乃至技术领域等方面的知识。利用适当的科学知识解决问题，也是教育的技术的一个组成部分。相对于电视等以及它们的软件这些“有形的技术”而言，我们把这些技术称为“无形的技术”。这些无形的技术，相对于有形的物质技术来讲不是很明显，可是当要解决问题时，它们却是非常重要的。这样，作为“教育的技术”的教育技术就是解决问题的系统的、科学的方法。在解决问题的过程中，同时要利用来自“硬件”科学和社会科学的适当的知识，是有形技术和无形技术的综合体。

3.海涅克学者观点。

美国有名的教育技术学专家海涅克教授是明确以“技术”作为教育技术的“根”来对教育技术领域进行研究的。他曾于20世纪70年代担任美国最早从事教育技术研究之一的印第安纳大学教学系统技术系的主任。海涅克指出，对于教育技术的研究最关键的是要抓住根本。他认为教学技术的根就在于技术自身。教学技术作为一个研究领域，最好把它看成是技术的一个子集，而不应当是教育的子集。因为，他看到教学技术的应用范围已经扩展，从帮助教师提高教学效果，到成为一个机构的运行方式，比如开放大学。因此，教学技术这个领域以及它的研究已超越学校教育的边界走向企业。他认为教学技术的根本在于技术，那么对他来讲，技术指的又是什么呢？他认为加尔布雷思和著名的社会学家贝尔关于技术的定义特别适合于教学技术领域。加尔布雷思(1967)认为：“技术是系统化地应用科学的和其他有组织的知识，来完成实际的任务。”贝尔(1973)的技术定义是：“所谓技术是指将人类的经验依照高效逻辑进行规律性的整理，或是控制自然以利用其力量来获得物质财富。”据此，海涅克认为教学技术就是“把关于人类学习特定的知识应用到教和学的实际任务当中去”。这样，教学的技术就是“对教、学活动的特别地、系统地安排，这些活动是设计，用来把我们关于学习的知识以一种可以预见的、有效的方式应用到实践当中去，以达到特定的学习目标。”可见,他对教育技术的理解,强调了技术的智能方面,即人类对形成的科学知识的系统应用。当然,技术是不是对科学知识的直接应用,这个方面已经遭到了研究技术哲学的学者们的质疑。

4.罗米斯佐斯基学者的观点。

罗米斯佐斯基学者提出:技术是创造性地应用一定的公认的和经证实的原则以达到实际的目的,技术就是在一个实际情境中的科学方法。所有的技术都应该关注开发那些能够对实际目的或问题进行适当解决的方案。这样,技术需要根据实际的情境来寻找所有的可能的途径并从各种各样的科学体系中借鉴各种知识和原理。在教育的具体情境下,教育技术学专家在研究之后,应当开发并应用适合于教育目的或问题的方法。当然,他也提出,教育技术专家的局限是:所建立的方案可能受到他们自己见识的限制。罗米斯佐斯基在关于教育技术及其学科的认识上强调了以下几个方面:①教育技术是建立在公认的或经过实证的知识上,即人类理性的方面;②教育技术是“创造性的应用”,这是人类智慧或智能方面的技术;③教育技术是科学的方法、是问题的解决方案,这就指出了教育技术定位在“技术”“策略”“问题的解决方案”方面;④实际的问题情境,说明了不同情境下,技术方案会不同。相对于科学的决定性而言,技术是被特定的问题情境、特定的目标所规定的。

5.瑞格鲁斯学者的观点。

教学设计是教育技术学的重要组成部分,在有关教学设计的专著中,对教学设计学科性质的探讨应首推瑞格鲁斯,从中也可影射出他对教育技术身份或定位的认识。瑞格鲁斯(1983)从理论的角度,提出关于不同理论和学科的分类和性质:描述性理论和规定性的理论。

所谓描述性理论,就是力图揭示事物发展规律,即:

在条件 $C(C_1,C_2,\cdots\cdots,C_n)$下,

若实施教学活动 $A(A_1,A_2,\cdots\cdots,A_n)$,

会出现结果 $R(R_1,R_2,\cdots\cdots,R_n)$

描述性理论目的在于描述结果,而不是规定行动。

规定性理论,关注达到理想的结果采用什么样的最优方法,即:

在条件 $C(C_1,C_2,\cdots\cdots,C_n)$下,

为获得理想的结果 $IR(IR_1,IR_2,\cdots\cdots,A_n)$,

需要执行的行动 $A,(A_1,A_2,\cdots\cdots,A_n)$

即是指在一定条件下,对达到最优效果的行动的规定。很显然作为教育技术的重要组成部分的教学设计理论是规定性理论。教育技术或教学设计理论,作为规定性的理论应当以描述性的理论为依据,是描述性理论在实践当中应用的原则、程序、方式和方法等。

瑞格鲁斯在其著作中用"设计理论"代替"规定性理论"的说法。他说,"规定性"似乎给人的印象比较死板,不灵活,不能代表当前的教学设计理论的发展。教学设计是教育技术学的重要的核心内容,也是教育技术的基本原理在教学实践当中的具体应用。因此,教育技术学作为学科同样是规定性的。规定性是技术的特征,可见,瑞格鲁斯也是从技术的视角认识教学设计学科的性质的。

6.杰恩瑞学者的观点。

杰恩瑞学者认为教育技术是一个不停发展的领域,在它的发展过程中一直在寻找它的定义,因而涌现出各种不同的对教育技术的理解。杰恩瑞也是明确从技术出发分析教育技术的一个典型人物,他收集了一些典型的观点。比如全国教育教学技术工程学会把教育技术学定义为:"教育技术是把教和学的科学知识应用到实际的课程当中的一个知识体系,并且包含开发工具和方法以辅助这些实际应用""教育技术是指在应用教学原理时使用的全部的方法论以及一系列技巧"等。在收集别人的观点的基础上,他提出自己关于技术、教学技术和教育技术的认识:

技术的定义。整体地或逻辑地应用行为科学和物理科学概念以及其他的知识解决问题。杰恩瑞认为,教学技术可以分成很多小的技术:信息设计、信息传递、信息效果评价等。教学技术是教育技术的子集。他认为,教育包含教学的、学习的、发展的和管理的技术。教学的、学习的、发展的、管理的和其他的技术综合应用于解决教育问题就是教育技术。

无论是他引用的观点,还是他自己的观点,共同的地方是:相对于集中在媒体或资源的教育技术定义而言,他的观点是广义的。媒体或资源不是教育技术的全部和实质。教育技术的实质是理性地运用人类对教与学的研究成果解决实际的教学问题。不过他清晰地指出了当时教育技术的发展现实:即更多地应用物理科学(媒体技术)和行为科学(程序教学)的知识。

二、小结

1.不管是单个的学习者,还是学者的集体,美国学者都是从"技术"的角度阐述他们对教育技术的理解,可以说他们都认为教育技术的身份或定位是“技术”,只不过表现形式有的是显性的,有的是隐性的。

2.从上面介绍的学者的观点来看,不同的是他们对技术的不同理解。主要的观点如下:“技术就是科学知识的应用”“技术不是对科学知识的简单应用,而是需要人们创造性地应用”“教学技术只是对学习知识的系统化的应用”“教育技术不仅仅需要关于学习的知识,在追求效率、效果的过程中,还会用到社会学、管理学、物理学等相关的知识,以达到解决教育、教学问题的目的”等。

第三章 有关教育技术的研究

第一节 国内教育技术学研究

现代教育技术学由于新技术的突破,获得前所未有的发展契机。我们已知道教育技术学有过坂元昂1971年设定的研究领域、米切尔1978年提出的研究内容和AECT1994年的定义。但由于某些原因,这些定义和提法不尽切合我国教育技术学的研究现状和这一学科在有利的时代背景下急速的发展态势。作为教育技术研究者,我们试图提出一种符合国内研究现状的定义和领域框架,并提出一些对这一学科未来发展的建议。

一、教育技术的一般定义——一个解释性定义

1. 关于技术。

在我们探讨"教育技术学"的一般定义之前,首先要澄清一下"技术"的概念,这是对"教育技术学"进行定义的一个关键所在。

"技术"一词源于希腊文,它既指人造物品、精巧的器具,又指人的创造天才和能力,即经过实践获得的经验、技能和技艺。人们在广泛的意义上理解技术时,把它看作是能够达到目的的手段。我国古代也有类似说法:"凡执技以事上者,祝、史、射、御、医、卜及百工。"到20世纪后半期技术被认为是"人类改变或控制客观环境的手段或活动"(《大英百科全书》1980年版),其基本存在形态被认为包括抽象形态(或知识形态、信息形态)、物化形态(在技术和知识指导下所创造的一切物质手段)和功能形态(应用所使用的技术方法)三种。

其他国家的学者有一些具有代表性的定义。德国的邦格认为:"技术是某种有价值的实践目的用来控制、改造和创造自然的和社会的事物和过程

并受科学方法制约的知识总和。”美国的西蒙认为“技术是关于如何行事、如何实现人类目标的知识”“技术不是物体，而是知识”“把技术看成是机器或有形的物体，犹如错把甲壳当作蜗牛，把蜘蛛网当作蜂蛛”。阿根廷的赫里拉认为：技术是“满足整个公共需要的物质工具、知识和技术能力的集合，并保证对这种集合的控制优于其自然的环境”。

2. 教育技术学的一般定义。

今天，美国教育技术传播协会的教育技术94定义在国内已广为流传，并得到相当程度的认可，但这一定义上还存在着这样一个缺陷：这个定义显然是一个“科学定义”，而不是一个“一般定义”。在美国，教育哲学家谢菲尔(Scheffler)提出的在教育中进行定义的框架中指出：科学定义是建立在特殊知识基础上的，用来定义理论结构，而一般定义则仅仅描述术语的意思是什么，把一些附加的说法包含进术语，或从术语中排除出去。我们可以看出，要理解教育技术94定义，必须具备一定的专业知识，而为了向普通的教师解释“教育技术学”是什么，我们需要一个一般定义。正因为一般定义的缺乏，教育技术专业的学生毕业后在遇到“请您解释一下教育技术学是研究什么的”这一问题时，往往茫然无措，因为在短暂的思考时间内，他无法把学到的科学定义一下子转化为一般定义解释给一般人听。

因此，我们需要为“教育技术学”总结一个便于向普通民众解释的一般定义，这一定义我们试图定义如下：教育技术学是改造技术使之适合教育用途需要的科学。目前阶段下，这些技术包括理论(抽象形态的技术)、工具(物化形态的技术)和方法(功能形态的技术)。教育技术的最终目的是改进教育。这一学科是一门新兴交叉学科，或边缘学科，主要的研究包括教育中的媒体、教与学的心理学和教育系统方法。举例来说，在录音机的教育技术研究中，在其理论层面，教育技术学研究并发展听觉媒体技术在教育领域应用的基础理论(如“经验之塔”理论)；在其工具层面，教育技术学把录音机加以改造，组成语音实验室；在其方法层面，教育技术学提出一些使用录音机辅助英语和音乐教学策略和教学方法。

二、教育技术的研究——纲领性定义

1. 教育技术学研究的历史探究。

现代教育技术的产生，媒体技术的发展是前提。国际学术界普遍认为：1920年是现代教育技术的真正起步，其标志是无声电影和广播在教育的应用,而杜威、帕特里克和查特思则为教育技术概念的产生奠定了基础。二战中,美国政府招聘霍邦等视听教育专家参与制订作战人员培训计划,来解决战斗人员紧缺和受训人员文化程度低下两个矛盾,视听设备被广泛利用。军方购买5.5万部电影放映机,花10亿美元制作培训胶卷,培养了大批军事人员,以至1945年德国投降后,他们的总参谋长说:"我们精确计算了战争中的每一件事,但只有一个例外,那就是美国人所用来把他们的老百姓培养成战士的速度。"教育技术的作用得到充分体现。

在这之后,人们公认,对教育技术研究领域的形成起关键作用的是戴尔和芬恩师徒二人在20世纪60年代的倡议。芬恩强调,视听传播要想成为一个行业,就要发展自己的理论、研究的技术,并把这一领域命名为"教学技术"。视听传播作为教育技术的雏形,这一观念极为重要。此后,媒体技术确实在很长时间内成为教育技术的主要研究领域,这也是很多学者把媒体技术作为教育技术的一种解释性定义的原因。直至今天,教育学技术是三个研究分支的汇合:教育中的媒体、教学心理学和教育系统方法。这一看法仍然主导教育技术实质上的研究行为。有所不同的是,随着技术的进步,原有的术语涵盖的范畴发生了一些变化,或者拓宽,或者变窄,但最主要的研究领域,仍然不出这三者窠臼。

2. 教育技术学研究领域现状。

现阶段,国内教育技术领域孕育着一场变革,很多专家学者在试图根据中国的国情和新技术发展的现状,定义一种新的理论框架,这些行为值得我们赞赏。我们认为,在已经界定的原有领域定义的基础上,已经存在大量研究成果,为了便于和国外学术界交流,在利用其成果的时候,对现有研究框架不需要作大幅度的修订。但是,依据我国国情和技术发展的程度,对我国教育技术学研究领域现状做一个澄清,我们也表示认同。

3. 教育技术的研究领域。

对于教育技术学研究什么、不研究什么的界定实际上是对它做一个纲领性的定义。对于这一理论框架中所提及的各领域,我们需要详述如下:

(1)教育中的媒体研究。

教育中的媒体研究可分为媒体艺术和媒体技术两大范畴。

随着社会的发展、技术的进步,媒体这一概念,被赋予了更广泛的含义,计算机成为媒体家族的新成员。英国开放大学的著名教育技术学者 Diana laurillard 把媒体作这样的分类:描述性媒体、交互性媒体、通信媒体、可适应性媒体和产出性媒体。描述性媒体包括过去的传统媒体(印刷、电视、视频、DVD),它只进行描述,不同学习者发生交流行为;交互性媒体包括实验室、DVD 和网络,它可以根据学习者的行为做出反应;通信媒体包括论坛、在线邮件组,通过通信媒体,学习者可以互相交流、协同合作;可适应性媒体包括实验室和仿真,它对学习者的特定行为做出特定反馈,以帮助学习活动进行,产出性媒体包括生产论文、产品和模型的媒体,应用软件 Word、Powerpoint、Dreamweaver、Photoshop 都属于这类产出性媒体,学习者利用这类媒体可以进行深程度的学习。著名教育技术和远程教育学者贝茨也强调说:四种主要的媒体是文本、音频、电视和计算机,各种媒体对知识的表现力各不相同,建构知识、帮助发展不同技能、帮助通信交流时也各不相同,需要进行媒体选择以实现最佳配置,并不存在某一种超级媒体。

从教育技术学研究者的角度出发,计算机技术被包含在媒体技术中。我们所关注的是计算机技术的媒体功能,而非其技术本身,在研究中应注意杜绝为技术而技术的倾向。同时其他媒体设备在学校也有广泛的配置,对这些媒体和新信息以及通信技术的结合使用也不应偏废。

在媒体技术的研究领域里,传播理论、印刷技术、视听技术、计算机技术都是研究的内容,在教育技术本科生课程设置上体现为教育传播学、教育电视系统、卫星电视、视频媒体、教育电声、计算机原理、网络原理、计算机多媒体技术等。专职研究者还可以追踪最新的媒体技术,如虚拟演播室、智能代理技术、知识工程、数字图书馆、虚拟现实技术等。

在媒体艺术的研究领域里,视觉文化、美学、音乐、美术理论研究的内容在教育技术本科学课程设置上体现为摄影艺术、幻灯投影片制作、课件制作、艺术基础等。无论是位于研究前沿的用户界面友好技术,还是普通课件的界面设计,都需要具备媒体艺术基础。

(2)教与学的心理学。

这一问题一直是教育技术学研究的主流,一个例证就是近年来引入的建构主义学习理论得到了研究者普遍的重视。同时,旧学派的影响仍然在起作用,它们之间不可互相替代。基于行为主义学习理论的程序学习、操练和练习式课件等应用,基于认知主义学习理论的发现学习以及基于建构主义学习理论的锚定式学习和微世界等,都受到研究者的注意。这种理论的开放,一方面说明教育技术学仍然是正处于发展期的交叉学科,对来自心理学的理论还没能完全整合,还没有自己原创的理论和形成系统的框架;另一方面，也恰好说明了教育技术学的一个新特征——个性化教学，不同学习风格和习惯的学习者可以选择适合自己的学习方式。

因为媒体技术在教育技术学中的重要地位，学习理论一直是教育技术学研究的重点，无论是广播电视，还是远程教育，都强调了自主学习的重要性。但是新信息和通信技术的进步，使得通信成为可能，教育心理学中关于教学心理学的部分日益受到人们重视，人们开始研究如何实现个性化教学。教学论、学习论、教学策略、教与学的心理学都是这一领域的研究内容，而每门理论都有着众多流派，给予研究者充分的发挥空间。

心理学的发展动向，往往也得到教育技术学研究者的关注，比如加德纳的多元智力理论、斯滕伯格的成功智力理论等。这种关注和教与学的心理学的研究有着一致性，都体现了研究者对在今天的社会中教育应该培养怎样的人这一问题的思考，以及对政府提出的素质教育和创新教育的实现的思考。

(3)教育系统方法。

教育系统方法一直是教育技术学的理论基础之一，表现为教育技术学研究者对教学设计的重视，如美国印第安纳大学和旧金山大学的教育技术专业，都把教学设计作为核心课程教授。教育中的媒体和教与学的心理学研究成果，必须通过系统方法相整合，才能发挥作用。这一领域的理论基础是系统科学：系统论、信息论和控制论。目前，国内需要应用教育系统方法的研究领域包括信息教育，信息技术和学科整合，教学资源(主要是网上资源)的建设，绩效技术，等等。

在信息教育中，中小学信息技术课的编制可能成为教育系统方法的用武之地。信息技术教育课的主要目的，是对公民的信息素质进行培养。对于这门课程的教材编制、教学模式、教学方法以及学科如何整合，国内还缺乏经验。如何根据教育中的媒体理论和教与学的心理学，确立信息技术课程的知识结构，使信息技术与生活融合，亟须教育技术学研究者投入力量解决。同时，信息技术教育课程编制也属于其他学科研究的盲区，对于这一领域的研究，教育技术学研究者责无旁贷。

4. 教育技术学研究的开放性。

作为一门新兴交叉学科，开放性是教育技术学研究的生命线，是教育技术学研究保持活力的原因所在。

这体现在除了上述主要的三大研究领域之外，教育技术学对技术和理论都保持开放态势。新技术不断被引入教育技术学研究领域,并很快应用于教育培训领域,如流媒体技术、虚拟现实技术、智能代理技术等的应用;行为主义、认知主义、建构主义学习心理学都置于同等地位加以研究。其他的相关领域,如对技术哲学的研究、企业绩效技术、远程教育理论、社会学、营销和组织开发经验、商业管理、项目管理等都对教育技术学起到补充完善的作用。这种开放性的原因在于,首先,教育技术学研究者本身对上述三大领域——教育中的媒体、教与学的心理学和教育系统方法难以做出超越本学科研究者的突破,因而引入传播学、心理学等学科的最新理论成为必要。其次,作为教育制高点的教育技术,将成为新时代教师的必要素质的一部分,不可避免地要涉及广泛的学科领域——语文、数学、物理、化学,而且在不同学科中,需要不同的理论、方法和技术,因而开放大学的博士研究生往往是来自多个领域的研究专家,如音乐硕士、计算机硕士、物理硕士等。

相关领域的技术和理论革新都可能成为推动教育技术学研究的动力,而教育技术学研究的突破也很可能来源于其他某种学科理论的引入。

三、国内教育技术学研究现状及建议

1. 国内教育技术学研究的层次和职能。

按理论层面和应用层面划分,国内教育技术学不同层面的研究有着不同的职能。高校中的专职研究者主要从事理论层面的研究,这一层面包括学术论文、课题、政策性研究和跨学科的集体研究,需要拥有较强的学术攻关能力才能胜任,理论的突破必将带来应用上的巨大进步。普通教师和教育技术人员主要从事应用层面的研究,这一层面研究不需要太多的理论研究和较强的理论推演能力,研究人员的身份主要是接受教育技术培训的教师、公司培训人员和教育技术学专业的本科毕业生,主要研究技术如何和具体教学过程以及其他教育实践相整合。

理论层面研究是学科的基础,在理论层面研究中,应注意研究不应带有太强的功利性,以致与应用研究混淆,如同狄德罗所说:科学没有明确的研究目的,如果说科学有目的,就是一个总目的——追求真理。而技术则是有目的的,有着明确的针对性。过于注重研究的实用性,容易使学科研究缺乏深度、教育技术学作为新兴学科,尚缺乏大量的理论基础研究。

应用层面的研究可以让学科得到认同。在应用层面研究中,应注意研究成果的实证,实证研究能够赢得一般教师对教育技术学科的认同,此外还应注意研究成果的交换和共享,避免各地重复性研究。现在处于一场技术革命期间,新技术层出不穷,大量的技术应用研究成果仅靠学术期刊已经无法容纳,有必要通过网络期刊、网络论坛、电子邮件组或者网志的形式进行研究人员之间的交流。

2. 对我国教育技术学研究的一些建议。

(1)现在其他国家也面临同样的问题,即教育技术学的统合理论框架尚有待形成,今天研究的重点仍然是具体问题。这些具体问题不可能和社会分开,在引进国外的理论时,应该注意和国情结合。

(2)研究者手边研究资料缺乏。国外教育技术学研究已经获得了大量成果,而这些成果翻译的还不足,导致研究重复性强,研究者引证资料困难。可以通过本科生专业外语翻译,并在各高校间交流来解决。

(3)应该向普通教师普及教育技术学常识。除了有限的教师培训之外,还应编写一本面向普通教师的手册或指南形式的教育技术普及读物。如果教师本身缺乏信息素养,势必影响信息教育进程。

(4)普通教师需要的是一种完整的解决方案,而不是把某种工具或软件直接交给他,这样就大大增加了教师的学习负担。如前所述,技术绝不仅仅是物化形态的工具,更为重要的是使用方法和理论。

(5)在重视计算机技术研究的同时,不应回避或遗忘其他媒体技术,如广播电视技术;在重视新理论研究的同时,不应回避或遗忘经典理论。

(6)教育领域应用计算机技术的突破不一定在算法领域,很可能是在应用理念上的突破。比如 Internet 不是由计算机专业人员创造出来的,而是由一名管理人员提出并实现的。今天国内很多教学软件公司都把目光对准教育这个大市场,可是产品却难以得到教师认可,原因就是理念和技术没有得到较好的结合。教育技术可以通过和产业联合实现突破。

(7)把我国的教育技术学本科教育做成精品专业,把本科生培养成研究生规格。中国的情况和国外大为不同,通晓现代技术的专家数量本来就不多,但毕业生的就业门径,还需要高校进行一番挖掘开发。本科生精品教育可以通过研究性学习的方式开展,提高本科生研究能力。

(8)教育技术的教育硕士培养可以通过和学科教育结合、通过跨学科的方式进行,比如数学教师想进修教育技术学硕士。可以选修数学课程,最终培养出数学方向的教育技术学硕士,同时由于教育技术已经成为教育学不可或缺的部分,普通教育硕士也应选修教育技术学研究生课程。

3. 研究前景。

在全球化的过程中,技术起到了一个通行证的作用。技术是超越各种语言的世界语,人才通过技术这种全球通用语言,可以跨越文化背景的障碍,加速全球化进程。技术又是经济转机的关键。人力资源是知识经济发展的原动力,而教育决定人力资源的质量;发展知识经济可以解决经济发展的可持续性问题,而教育技术是不可或缺的手段。技术还是文化融合的钥匙。东方文明存在技术发展先天不足,西方文明则出现技术发展的弊端,把技术应用于教育,可能改变原有文化形态,产生新文化。

教育技术是教育学不可分割的一部分,把教育技术整合进教育学,是未来教育学的重要任务之一。不了解教育技术,无以从事教育学研究。而技术应用于教育的最终目的,是技术应用于生活,融入生活,提高生活水平,推动新文化。

技术的不断进步,很有可能造成教育的革命,而并非专为教育而出现的新技术,应用到教育领域,则需要一个转化的过程。这些技术转化的工作,属于教育技术学的研究范畴,历史上造纸和印刷术取代竹简和帛书,促成教育的革命,今天新信息通信技术的发展,同样制造教育革命的契机,教育技术研究面临着巨大突破的可能性。

今天,研究者对教育技术学科的理论的理解呈现发散性。对于什么是教育技术的回答,有一个教育技术学者,就代表着一种不同的观点,关于教育技术的研究,带着不同教育技术学者的个性特色,还没有普遍承认的知识总体。我们所提出的观点,仅只代表一家之言,难免存在视野及思路上的局限,仍期待得到进一步修订。

第二节　国家教育技术标准研究探微

衡量事物的准则是标准,衡量教育技术的准则显然应是教育技术标准。当前我们能看到的国内外教育技术类标准主要分为两个方面:一是软硬件技术标准,主要解决的问题是物理性技术的统一性。如教育部制定的《现代远程教育技术规范(教学资源相关部分)V1.0 版》,目的是促进教育资源的有效交流和共享。二是行为、素养性规范,主要解决的问题是学习对象掌握教育技术知识和能力的整体性水平与程度。如国际教育技术协会(ISTE)制定的《面向学生的国家教育技术标准》,目的是衡量中小学生掌握教育技术的尺度和质量水平。本文专门研究我国的后一类标准。

一、制定教育技术标准的现实意义

现代信息技术的快速发展和在教育领域的广泛应用,既深刻地改变着教育的传统面貌,又迅速地提升着受教育者的教育技术素养。但长期以来,我们对这种素养的形成缺乏精细的研究和评价,缺乏具体的构想,更没有使这种构想变成标准体系。这在一定程度上影响了我国教育技术标准化研究的发展。什么样的学习者,在什么样的发展阶段,在什么样的学习环境中,教育技术素养应达到什么样的水平的问题一直没有解决,现在我们认为这个问题应该解决了,制定我国的教育技术标准的时机已经到来。它的直接诱因和外部客观条件是:我国基础教育国家课程标准的颁布(提出需求,提供参照条件)和美国国家教育技术标准的引进(提供借鉴和参考模式)。

2001 年,教育部颁布了《基础教育课程改革纲要(试行)》。纲要的主旨是构建符合素质教育要求的新的基础教育课程体系。目前已公布了 18 个学科的国家课程标准,实验工作正在全国展开。标准是国家对基础教育课程的基本规范和质量要求。它是教材编写、教学、评估、考试命题的依据,也是使用教育技术的依据。

新课程标准注重学生创新精神的培养、现代意识的形成和教育技术素养的养成,特别明显的是把信息技术、综合实践活动的内容与实施过程有机整合起来。信息化社会要求的量化指标,如收集、处理信息的能力,包括网上学习在内的多媒体技术方法的运用,分别成为各科标准的重要内容。我们认为这是新标准超过旧大纲的具体表现,但同时也会产生一些新的问题:这些技术的要求如何与课程的学习交融在一起?如何针对不同年级阶段的需要提出掌握必要的技术?师生双方在课程的学习中如何把握技术运用的尺度?这些问题正是教育技术标准应解决的。因此我们说,教育技术标准的制定已经是当务之急。标准的编制不只是理论问题,更是实践问题,它将影响新课程标准、新教材的实验工作。

我国中小学课程正在经历从单一化向多样化方向发展的历史阶段。地方课程及校本课程丰富了我国的课程体系,有关信息技术教育的教材更是各地都在开发,版本众多。在此情况下,国家教育技术标准就是给各地的教育行政部门、学校提供一个教育技术素质要求、学习结果的判断依据,为地方(学校)课程标准的制定、教材的编写提供统一的权威性的教育技术要求。

整合是把技术作为一种工具融进课程,以促进学生的学习。不同年龄阶段的学生有不同的心理、智力发育水平,不同年级有教学深度不同的课程,因此信息技术融入课程有程度的区别。必须据此提出不同的阶段性教育技术指标要求,才能满足不同学习对象的不同课程的整合要求。课程中技术运用的深浅程度、范围,由于有了标准的借鉴,将变得容易掌握。

制定和执行这一标准,可以鼓励教师开展网络教学、多媒体教学,促使学生进行研究性学习、合作性学习,积极使用现代信息媒体。标准将使教育技术应用程度与提高教学效果关系的评价成为可能,而且更加精确。这对改变当前由于无法精确统计教育技术的绩效,使技术在教育上的应用有助于提高教学效果的论断缺乏说服力的局面,无疑是非常重要的,最终将达到促进我国教育技术素质大大提高的目的。标准将成为规划我国教育技术未来走向的航标。

二、美国教育技术标准能让我们从中借鉴到什么

现阶段我们所能得到的国外有关此类标准的文献,最具权威的是国际教育技术协会所属的职称鉴定与专业标准委员会编制的《面向学生的国家教育技术标准》。目前中国电化教育协会正在组织专家翻译、审校这本书。通过对美国教育技术标准的学习与研究,我们认为对当前编制中国教育技术标准,研究教育技术理论有很多可借鉴之处。

美国教育技术界十分重视对实践有重大指导意义的理论问题的研究,如教育技术定义、国家教育技术标准等。1994 年美国教育传播与技术协会(AECT)第 5 次修订教育技术定义。94 定义规范了教育技术的领域与范畴,至今引领着全世界在本领域的发展。国际教育技术协会(ISTE)编制国家教育技术标准,为各国在信息技术条件下的学习提出了纲领性规范,同样具有重要意义。标准的制定有明确目的,这就是培养具有高度教育技术素养的学生、教师和教育管理人员,最终把受教育者培养成终身学习者,促进具有高度教育技术素养社会的形成。

美国教育技术标准的制定与修订是在 1994—1998 年以项目的形式进行的。标准综合了美国许多教育团体和专家对教育技术标准所提的意见和建议,研究过程包括召开技术论坛会议、记者招待会、采用互联网的方式讨论、对团体和专家进行调查等多种方式。标准的定稿是通过各种媒体探讨和广

泛咨询专家意见后达成的一致意见。

标准公布以后，项目领导小组在中小学英语、数学、科学和社会学等学科教学领域聘请应用教育技术促进教与学的行家着手组成写作小组开始研究各个年级层次知识水平范围的能力，并着手编制课程案例。案例编出后，就在全美各地试点，测定是否能满足学生需要，是否与课程内容标准一致。活动草案同时被网上评论。最终，全美2000多位教师参加了这项规模浩大的工作，其结果是产生了大量内容丰富、设计精巧的案例。毫不夸张地说，一些案例是经典的。尽管是面向学生应用而设计的教育技术案例，但依然以课堂教学为主要形式，在教师指导下进行，在师生交互上下功夫，这是非常有见地的。

此外，具有重大意义的是，美国教育技术标准还提出了完整的框架体系：

1.基础性教育技术标准。该标准描述了适用于所有中小学各年级学生的国家教育技术的各项要求。基础教育技术标准分为：教育技术基本操作与概念，社会、道德和人文要求，作为提高学习效率的工具，作为技术交流的工具，作为技术研究的工具，作为问题解决和决策的工具六大类别。

2.年级阶段划分。标准体系将幼儿园到高三的成长期划分为4个阶段（学前~小学2年级，小学3~5年级，初中6~8年级，高中9~12年级）。

3.教育技术绩效指标体系。标准为每个年级阶段都制定了详细的教育技术绩效指标体系。绩效指标体系分10级，细化、具体化了基础性教育技术标准的六大类别。换句话说，针对基础性教育技术标准提的六大类别要求，每个年龄段都制定了具体的、好理解的、可操作的十项具体要求。并在每项绩效指标后面的括号中标明与该项行为相关的基础性教育技术标准类别。

基础性教育技术标准以六大类别、四个年级阶段划分、十项绩效指标所构建的框架体系，由浅入深、由低到高地界定了中小学生的教育技术素质要求。为了便于读者理解，标准后面还包括详细而又简洁的说明和对有效实施了某项标准的课堂场景的简要描述。

为保证国家教育技术标准的科学性，各项指标以教育技术专家、心理学家、学生家长、教师和课程专家的意见和信息反馈为基础，同时参考专业文献和国家、地方相关文件。

此外，美国教育技术标准中，案例选择精当，体现了技术应用与课程内容的有机整合,是美国教育技术标准取得的重大成功。教育技术标准制定水平的高低,是否被采用,取决于它的课堂实用性和技术与课程衔接的紧密程度、标准分寸的把握程度。从标准取材的案例来看,技术正在成为课堂的内在组成部分。但由于案例观点都是由有经验的教师开发的,因此正确地把握了每节课的重点:不是技术,而是教学。

教育技术标准注意的是学生把技术作为一种工具,在教师指导下,知道能做什么和怎么做。离开背景就无达标可言。必须有技术被使用的相关背景,才能够证明学生的能力是符合标准要求的。有鉴于此,标准一书中附有英语语言艺术、外语、数学、科学、社会学五大学科(但不是所有学科)的大量学习活动的案例,这些案例是以课程标准和教育技术标准两个标准体系经纬互见、交叉编码的。只要在教学中能够适当地使用技术工具,做到把技术作为促进学习的工具重新融入课程教学中来,那么这样的教学活动将同时满足课程与教育技术两个标准。

美国教育技术协会除开发了《面向学生的国家教育技术标准》之外,还为教师、教育管理干部也开发了相关的标准。可以说构成了教与学双方的完整的教育技术标准体系。教师、教育管理干部的标准对我国教师、干部的教育技术运用和继续教育将有很好的促进作用。我们将在下一阶段研究这方面的内容。

三、制定我国教育技术标准的基本原则

制定我国的教育技术标准势在必行,关键在于在什么原则指导下开展研究工作,如何把研究工作做好。现提出一些基本观点供全国同行讨论。

1. 参考国外的一些经验,引进国外标准。

正如前面所叙述的,美国已经在教育技术标准方面做了开拓性的工作,对于一个后起的国家最快捷的追赶办法是奉行"拿来主义",这是很简单的道理。我们回忆一下,教育技术 94 定义的引进给我国教育技术界带来多么大的影响,可以说影响了中国教育技术理论与实践的发展进程,提升了本领域的学术档次,拓展了事业发展空间。因此我认为在国家教育技术标准的编制上继续采取借鉴、引进的办法,是当前最好的、最现实的办法。

引进一定要原汁原味,要从翻译美国的《面向学生的国家教育技术标准》一书入手,准确地理解本旨原义,解析结构。要将目前已经翻译过来的

《美国国家科学教育标准》等重要的涉及标准的著作文献一并研究。要从本质上了解美国人的教育技术观，了解美国的课程体系和评价标准，顺着美国人的思想路径进入他们的精神世界，才能了解他们为什么这么定，而不是那么定的道理。《面向学生的国家教育技术标准》是一本以美国学习环境为基础，以美国人的价值观、教育观看待和分析事物，解释学习现象的书。我们可以借鉴但不能照搬。向美国同行学习要有批判精神，不能亦步亦趋。对基本的教育技术素质的要求、绩效指标体系、年级分类等框架因素应重新研究论证。

2. 结合我国当前国情，做好标准的本土化研究。

我国的教育技术标准最终要符合我国的国情。即使我们采用美国的基本形式、框架，但装的也只能是地地道道的中国内容。因此我们要做好标准的本土化研究。

与美国相比，我国教育技术整体水平较低。从公民教育技术素养看有较大差距。目前美国中小学信息技术重点上升到课程整合阶段，而我国正在中小学全力开展信息技术教育，提高学生的信息化基本知识和技能是当前的主要任务。从学习的外部环境上分析，网络教育发展水平不高。据统计，目前我国学生的计算机人均占有比率很低，2001 年全国中小学计算机保有量 294 万台，有校园网的学校只有 11071 所，而且主要分布在大城市和东南沿海地区，在全国中小学校中所占比例较小。限于我国经济社会发展水平，很难在短期内整体赶上信息发达国家，但不排除部分地区在教育信息技术方面有可能达到发达国家水平。

在教育信息化建设上，我国最大的优势是政府的高度重视和全社会的“不能在信息化浪潮中再被发达国家甩下”的强烈民族忧患意识。最突出的情况是信息化发展的超速度、超常规。我国领导人提出大力普及信息技术教育，以信息化带动教育的现代化，促进教育的跨越式发展。跨越式发展主要依托信息技术的教育应用来实现。21 世纪初，教育部启动了西部远程教育扶贫项目，工程陆续使西部省区的 10000 个乡镇学校建成信息接收站。按照国务院指示，教育部等单位正在策划全国农村计算机网络信息站的建设，这一项目的目的是使全国所有乡镇一级的学校都成为当地的网络信息中心。工程之大、投入之多、速度之快都是历史罕见的。这充分表明中国政府填平数字鸿沟的决心。信息技术带来了“数字鸿沟”，但信息技术同样成了缩短和消除“数字鸿沟”的最佳武器。

正是因为以上国情因素，中国教育技术标准，也就是中国学生（未来公民）的教育技术素养水平，既要以实事求是的精神，考虑到教育技术整体水平落后的事实，又要坚决参照《基础教育课程改革纲要》、国家课程标准的要求制定，将掌握的尺度放在适度超前的位置上。要在充分论证的条件下，将部分目前看来只能在条件较好的地区实现的教育技术要求，作为国家的整体要求提出，坚持全国一个标准。否则以目前我国教育信息技术超速发展的态势看，按常规制定的标准很快就要落后。同时规定，经济欠发达地区、西部地区省份可以结合实际研究地区性的实施标准。

3. 有利于素质教育的推进和教育技术的发展。

标准的制定目的在于提高学生的教育技术素质，提出一个整齐划一的规范。它的本质是推进教学改革，促进学习的革命。它所带给教育的是学生信息能力的增强和可测量的尺度。学生教育技术素质是学生整体素质的重要组成部分。教育技术素质的增强将促进学生整体素质提高。

我国当前推行素质教育的基本特征就是使学生得到全面发展、全体发展和个性发展，其重点是培养学生的创新精神和实践能力，最终目的就是培养和造就创造性人才。因此，我们认为教育技术标准的制定有利于素质教育的开展，对我国当前开展的素质教育是一个有力的推进。同样，教育技术标准的制定过程也应在素质教育总的思想指导下进行。

4. 密切配合新课程标准。

国家教育技术标准必须与最新颁布的国家基础教育课程标准相一致。目前我国基础教育课程正处在大变革时期，新的课程标准以及按照新标准开发的教材正在实验当中，旧的教学大纲经修改后还在继续使用。立足发展和需要，新技术标准一是要在指导思想上与课程标准保持一致；二是以新课程标准规定的内容为参考依据；三是在编制教育技术标准的过程中丰富、充实正在实验中的课程标准，并将两种标准互为验证。

新课程标准重点强调现代教育新理念，主张“一切为了学生的发展”，从学生的经验出发，教学要向儿童的生活世界回归。教学方式由被动的接受式转向研究型学习、合作学习。要求教师具有课程意识、学生意识、开放意识、问题意识。这些也都应是教育技术标准所提倡的。按照新课程标准，经教育部审定，我国已开发了 20 个学科上百种实验教材，它们是教育技术案例在学科内容上的水平、范围方面的参考依据。当然我们还将独立开发适合学生在学校、小组、家庭等环境下学习的新内容。只有这样才能使研究实验深化。我们将加快步伐,争取在课程实验的同时验证教育技术标准。

四、我国教育技术标准研究工作设想

1. 组织课题组,开展专题研究。

教育技术标准研究将列为我国电化教育协会承担的全国教育科学“十五”规划重点课题《信息化进程中的教育技术发展研究》的子课题。子课题组将邀请我国教育技术界的知名专家和一线教师集体攻关。标准的制定涉及多学科内容,应有各方面的专家参加。专家学科构成应包括:教育心理学、课程论、教育技术、教育评价与测量、比较研究,中小学语文、数学、外语、科学、社会学、艺术学科。考虑到美国教育技术协会与中国电化教育协会良好的合作关系和经验,将邀请该会制定标准的首席专家做课题的顾问。

2. 在教育部有关司局直接领导下展开活动。

标准的制定,特别是国家标准的制定,必须在教育部业务司局领导下开展。研究的成果应该为国家所验收、承认,成为大家遵循的文件,否则标准就没有意义。因此整个研究过程都应遵循国家的教育方针和指导思想,请司局领导直接指导研究工作。研究工作中要将标准研究的学术性与现实性统一起来,目标明确地投入项目研究。有关研究活动将在近一两年全面展开。实验工作将在我国教育技术实验区和实验校进行。

3. 以我国专家、教师提供的丰富的课例为研究的基础。

美国同行的经验是先定出教育技术标准,再拓展学科课程案例,然后用案例去验证标准,用标准去检查案例,相互调整后汇总在一起。这是因为美国人首创标准,无从借鉴。我国则可以定标准与选案例同时进行,即首先在美国方案和我国已有案例的基础上,推出一个实验标准方案,在实验区、校验证,反复修改后,再请验收组鉴定。

进行中国国家教育技术标准的研究是一项大工程,需要全国专家、教师的共同努力。它同时也是我国教育技术发展史上的一件带有标志性的事件,值得我们去努力。当然,我们也知道,标准的制定也可能带来一些消极的影响。但总的来讲,是利大于弊的。

第三节 当前教育技术的发展趋势

当前的现代教育技术是先进的教育思想与先进的科学技术相结合的产物,是人类在教育活动中所采用的一切方法论和技术手段的总和。具体来讲,现代教育技术是以信息技术为依托,以现代教学媒体为手段,以学习过程和学习资源的设计、开发、应用、管理和评价为中心环节,强调以学生为中心,促进学校进一步开放,实现全社会的教育资源合理配置。

现代信息技术在教育上的应用,首先促进了教育技术的进步,形成了以多媒体、网络、人工智能等为核心的现代教育技术。现代教育技术与传统教育技术相比,其能动作用表现得更加突出,不仅仅是更新了教学方法和教学手段,更重要的是对传统教育理论和实践产生全面冲击与挑战,最终将导致教育发生整体性和根本性变革。现代教育技术的广泛应用是教育现代化的一个重要标志,从一定意义上讲,现代教育技术应用的水平代表和反映了教育现代化的水平。为此,承担了河南省面向 21 世纪教学改革项目《现代教育技术的现状与发展趋势》,积极组织相关人员,采用多种方式开展项目调研工作,指出了目前现代教育技术在国内外、省内外的应用现状,深入剖析了存在的问题,并预测现代教育技术的发展趋势。

一、发展现状

教育技术学不只具有坚实的理论基础和丰富的学术内涵,又与信息技术密切相关,并具有应用背景,能够对教育改革与发展产生重大影响。目前,我国教育技术专业如春笋般发展起来,每个省份至少有一所院校设有教育技术系,从原来的师范院校发展到工科和综合性院校。河南省就有河南师大、河南大学、驻马店师专、信阳师院、南阳师院建立了教育技术系或专业。根据我们的调查研究,现代教育技术的整体发展现状,可归纳为以下几点:

(一)理论发展、创新,逐渐走向成熟

从 20 世纪 60 年代到 20 世纪 90 年代,教育技术的定义已经修改了五次,每次修改都对教育技术的内涵与外延做了重新界定,力求基本反映当时

学科的发展现状和理论研究的新成果，其中以94定义最具有代表性。教育技术94定义明确了教育技术的研究对象是学习过程和学习资源，并界定了设计、开发、应用、管理和评价五个主要的工作领域。目前，94定义在国内已被广泛接受，这对我国教育技术学科的健康快速发展起到重要作用。

（二）开发与应用实践的研究

开发与应用实践一直是教育技术领域最具有活力的方面，主要探讨在现代教育思想和理论的指导下“怎么做”。20世纪90年代末以来，网络教学及远距离教育发展迅速，特别是计算机多媒体的教学的广泛普及，逐步打破了课堂教学的模式，以学为主，考虑从学生角度出发的教育技术研究逐步深入发展，如《新型教学模式的研究》《网络时代远程教育理论的研究》《“主导—主体”教学模式的理论基础》《网络教学资源的设计开发与评价》《信息技术环境下基于协作学习的教学设计》《多媒体教学应用与教学改革创新》等。这些研究从不同角度为教育技术的实践提供了前瞻性的指导，有力地推动着实践的深入。主要表现在以下几个方面：

1. 探讨现阶段信息时代新型教学研究的目的、意义，分析新型教学模式的特点及其研究的理论基础，并提出了新型教学模式的研究方法与资源。

2. 指出现阶段网络远程教育中的教学观念、教学手段及各种特点。

3. 提出“主导—主体”教学模式，认为该模式兼取“有意义地接受学习”理论和“动机”理论之所长，摒其所短，是比较科学而全面的理论基础。

4. 介绍协作学习的学习模式，探索协作学习的基本理论，并对协作学习模式下的教学设计进行了初步探讨。

5. 指出多媒体教学应用与教学改革创新之间的关系，为探讨新的教学改革思路和创新点、培养新的教与学的思维方式提供了理论依据和方法。

6. 提出了信息技术和课程整合的思路、原则、方法及重难点，推动教育技术内化为教育生产力的第一要素。

7. 数字化学习。

（三）现代教育技术直接导致了教育形式发生深刻变革

现代教育技术的应用直接导致了教育形式的深刻变革，主要集中体现在如下两个方面：

一是从集体教学和单向化的信息传输方式转变为集体教学与个别教学

相结合和交互式的学习方式。

从 17 世纪开始，课堂教学一直是世界各国、各种类型教育的主要组织形式，这种形式体现了大工业生产的特征，具有科学化、规范化、高效化等优点。随着信息时代的到来和对人才素质的更高要求，其弊端也愈显突出，如不利于学习者主体作用的发挥，不利于因材施教，不利于培养学习者的创新意识和创造能力，等等，因而受到人们越来越多的指责。而网络、多媒体等现代信息技术运用于院校教学，可在很大程度上改善这种状况。网络和多媒体系统所具有的交互功能，可以为学习者提供多种不同选择。在交互式的学习环境中，学习者可以根据自己的学习基础、学习兴趣、学习条件等来选择所要学习的内容和适合个人特点的学习方式，从而改变了传统教学中学员被动参与的情况，使学员能够以自己感兴趣的方式积极主动地参与教学过程，真正体现学习者认知主体的作用。

随着各种交互式课件的研发和应用，随着各种类型的多媒体图书的出现，尤其随着网络便利性的提高，学习者的学习将不仅仅局限于教师的讲解和一两本教科书，而是有更大的自主性和选择余地，学习者学习的积极性就可以充分调动起来，"因材施教"也可以更好地得到体现，从而使教学的效果得到实质性的提高。

二是从以往的封闭式教学模式和"垄断式"信息传输方式转向为开放式教学和跨时空的资源分享。

长久以来，学校在人们心中的印象一直是一种拥有教室、教师和学生的封闭式环境。这种传统的教育模式耗费资金和人力，受交通的制约和地域的影响，教学规模不可能很大，相互之间的交流也有一定的困难，因而其发展越来越受到限制。

随着现代教育技术的发展与应用，这种封闭的教育模式已经有所改变，网络教学和远程教育将成为教育和教学的重要形式。教育和教学活动将不再局限在狭小的教室和学校空间内，也不再是一个教师教几十个学生，而是实现真正意义上的教育开放，人们可以根据自己的需要自主地、平等地接受教育。

现阶段，我国正在大力进行远程教育的开发和实验，许多成果已进入使用阶段，随着计算机网络和远程通信技术的发展，交互式教育环境和全球化教育程序的引入，教育的整个面貌将会发生重大变化，没有围墙的学校、家庭式的教育环境和网络化的大学等新概念，将会逐步成为现实，最终导致一场新的教育革命。

(四)现代教育技术给传统教育带来全面冲击

在现阶段社会的教育领域,技术的能动作用都反映得十分突出。

首先,现代信息技术运用于教育领域,对“读、写、算”这传统教育的“三大基石”产生冲击,使阅读方式从文本阅读走向超文本、多媒体和高效检索式阅读,使写作从单纯的文本和手工写作转变为多媒体写作和各种自动化输入方式,使计算从纯数学计算扩展为多媒体信息的综合处理,这一切将导致基础教育从内容到形式的整体变革。

其次,以互联网和多媒体为核心的现代信息技术运用于教育领域,使教育和教学的形式、手段、方法、环境等得到更新,不仅增强了学生的学习效果,提高了学生的学习效率,改变了学生的学习方式,大大扩展了教育和教学领域,而且使传统的教育理论、课程结构、师生关系、人才培养模式等面临严重挑战。

以其他国家为例,自 1993 年美国开始实施信息高速公路计划后,包括电子技术、多媒体技术、计算机网络、网上通信、卫星通信在内的现代信息技术,使传统的课堂教学模式和教育手段被打破。如英国教育学会与开放大学合作,通过计算机网络向世界范围提供教学课程及证书,学生所在国家包括俄罗斯、冰岛、芬兰、瑞典、意大利、加拿大、澳大利亚、美国等。电子出版物在国外教育中已获得应用,它以文字、声音、图像、动态影像等多形式、多媒体、多通道向人们进行信息传递。

二、现阶段我国教育技术研究应用中存在的问题及分析

因为我国教育技术起步相对较晚,在其迅速发展的同时,还存在着一些问题,主要表现在以下方面:

(一)各学科的理论建设与应用研究方面相对落后

现阶段我国的教育技术理论的研究进展明显落后于应用技术的发展,与美国、日本等国相比,我国对教育技术的学科理论建设及应用研究还比较落后,这与我国电化教育发展的实践很不相称,还没有对教育改革和发展产生强有力的推动作用。同时,我国的教育技术的理论工作者和实践工作者

未能很好地配合,没有形成一种相互促进的局面,理论工作者大多为研究而研究,重思辨,轻实证。近几年的理论研究体现在对外来理论的吸收与消化,是属于总结性的研究,未形成主体的指导思想,更未能形成具有中国特色的现代教育技术理论。

(二)处于主导地位的唯媒体技术论思想

一直以来,人们心目中媒体技术一直是教育技术的代名词。尽管自教育技术这门学科被引入国内以来,许多有识之士都声称媒体理论并不是教育技术理论的全部,也不是核心,但三十来年的教育技术的发展除了给人们带来了教学媒体的花样翻新以及似乎成了有别于其他兄弟学科的唯一标志的教学设计的系统方法之外,教育技术并未带来其他方面的改变,更未对更新人们的教学观念起到应有的重要作用。至今甚至仍有人凡涉及教育技术必称计算机,似乎教育技术离开了 IT 技术便不称其为教育技术了。这种在理论上讲不通的假设在一些人的观念中已经根深蒂固。

媒体的理论及技术是教育技术理论及实践的重要内容之一,但它并不是或不应该是教育技术的唯一内容,也不是最本质最核心的内容。它仅仅是教育技术理论框架中较接近实践的那部分内容。教育技术的理论核心是教学设计理论,而教学设计理论核心并不是前面提到的系统方法,更不是模式的选取与重组,而是更加具有实际内涵的东西,如目标理论、教学策略的研究、学习过程的研究、评价理论等。而这些理论的发展,近年来恐怕仍处于吸收国外研究成果的状态,甚至是盲目地吸收。

媒体技术论依然处于主流地位的根源很多。除了宣传不足以致先入为主造成的误解外,更重要的根源是研究主体的学术背景不甚丰富以及教育技术理论研究力度不足。从近年来教育技术学科队伍的构成来看,大部分研究主体的教育哲学、教育学以及心理学的学术背景不够丰厚。这与国外教育技术学科队伍的构成有了明显的反差。很多教育技术专业人员出身于技术领域,加之国内教育技术发展没有逾越媒体技术这一发展阶段,因而为媒体技术论的思想占据主流地位提供了土壤。

(三)在教学过程中,教学媒体使用率极低

在现阶段的教学中,各种教学媒体,特别是计算机软件,如雨后春笋般涌现出来,但能被教师拿来用于有效地解决实际教学问题的极少。听到教

师们抱怨软件不好用已经不是什么新鲜事。教学媒体"不好用"的原因很多。但最根本的原因却在于教育技术的理论本身。虽然教育技术的理论框架中包含有教学媒体的实施、管理与评价的内容，但在教育技术的实践领域中，这种工作几乎是空白。例如，即使是国家级的科研项目，在教学媒体的研制过程中，只重视前期的设计和开发，很少利用教学实验来验证教学媒体的有效性和利用实验数据作为评价教学媒体的主要参考点。教学媒体的评价仅仅是靠几位专家去看、去感觉。而更严重的是，忽视对媒体实际应用的研究，实际上是放弃了从媒体应用中发现教育技术理论发展的生长点的机会，致使媒体理论也没有成为一种完全的彻底的理论。这种理论中缺少有关媒体的使用条件、适用的目标、可能产生的预期和非预期的学习结果以及媒体适用于解决哪类教学问题同时又会在什么条件下造成哪些新的问题等方面的深入研究。

（四）教育观念急需转变

在实践现代教育技术的工作中，制约和影响现代教育技术运用于教育教学改革的根本因素，是来自人们头脑中固有的旧思想、旧观念以及接受这些思想观念影响的思维方式。因此，现代信息技术运用于教育绝不是一个纯粹的技术问题，现代教育技术对教育的影响也不是能够自然体现出来的，它需要借助一定的中介，这个"中介"最主要的就是教育思想和教育观念。因此，当今的教育革命不是一场纯粹的技术革命，而是以教育技术革命为先导，促进教育观念、教育思想、教育理论的更新，最终实现教育的整体变革。

过去，我们经常只是从表面、从技术层面去考虑二者的关系，因此较多看到的是两者之间直接的和形式上的联系。在这方面存在两种现象：一种是认为现代信息技术运用于教育，主要是引起教学方法和手段的更新；另一种是把信息技术本身作为教育的一项内容，认为让学生学习一些信息技术，让教师掌握一些信息技术，就是把信息技术运用于教育了。

这两种认识是很肤浅的，如果我们的认识仅仅停留在这一步，就很难适应信息时代的要求，很难实现真正的教育变革。例如，现在多媒体技术在许多院校的教学中得到了应用。但是由于没有真正认识到多媒体在教学中的价值，没有转变教育观念，许多教师往往单纯从提高形象性和感官效果上去运用多媒体。其结果是用形象思维简单代替了抽象思维，用形象生动的"满堂灌"取代了原来抽象单调的"满堂灌"，教师讲得更"精彩"了，但学员学得却更加被动,只不过这种被动由原来的被迫变成了自觉自愿。

(五)现代教育技术人员的专业素质必须提高

通信技术、多媒体技术、网络技术的进一步发展和在教育中的广泛应用,对教育技术工作者的素质提出越来越高的要求。信息环境下,人们必须掌握基本的信息技能,如信息的收集、加工、传播、再加工等技能。但当前我国一线的教育技术工作者的专业素质并不能适应现代教育技术应用的要求,如使用现代教学媒体,包括利用工具软件开发学科课件和教育软件的能力较差,创建适当的情境和信息极大丰富的学习环境、引导学生自主学习等方面的能力更是欠缺。

(六)学科继续发展保障不够,教育资源未得到综合开发和利用

虽然近年来已经加大了对现代教育技术研究与应用的力度,但是仍存在经费投入不足、教学资源缺乏(文字教材、音像教材、CAI 课件等)、教学内容相对陈旧、教学手段落后、教师业务素质较低等问题。有的学校领导还没有认识到现代教育技术在促进教学改革中的重要作用,固守传统的教育观念,在经费、设备、人员等方面关心、支持不够。

同时,我国的现阶段教育资源缺乏综合开发和利用,表现在教育单位和部门之间资源分散,设备重复购置,利用率低,相互间缺乏交流。尚未建立教育技术科研成果的开发、应用和推广机制,没能将科研成果迅速转化为生产力。

(七)当前现代教育技术应用模式还不成熟,非继承式发展造成资源浪费

在教学的实际应用中,很多教师在自身的教育教学过程中忽视教育技术的应用,基本上只是在学科教学的基础上单一地利用了某些“技术”,或者说是运用了某些媒体。相当部分的教师,特别是一些高校和职业学校的教师,不注意用先进的教育理论和学习理论来指导教学工作,使部分高校除了教育技术学系(或电教系)之外的其他系对现代教育技术应用不力,造成高校自身教育技术应用明显滞后于部分中小学。这些情况在一些沿海发达地区尤其突出。

发展现代教育技术说的并不是要彻底抛弃和否定过去。我国在现代教

育技术提出之前的电教事业已发展了几十年,相应的在人员、设备、管理等方面积累了很多的经验,尤其有着雄厚的物质基础,包括各学校或者电教职能部门有着大量的电教设备。由于计算机中心论的冲击,绝大多数人在赶时髦的心态的支配下,纷纷用计算机建设计算中心去取代原来的电教中心,使这些电教设备基本上处于闲置状态,造成了资源的巨大浪费,这是一个非常实际的问题。如何利用好这些设备,如何处理传统媒体与计算机之间的关系,或者说能否通过技术改造,最大限度地利用好原有资源,是实践工作者的一个重要任务。在利用现代教育技术进行资源建设的时候如何很好地保护原有资源,则是理论工作者和实践工作者的共同职责。

三、对策

(一)转变教育观念

为了培养适应当前信息社会的创新型人才,必须转变教育观念,主要包括以下几点:

1. 应该转变传统的知识观和人才观,由知识型人才观转变为素质型人才观。信息时代的素质型人才观包含传统的德、智、体,尤其突出信息能力和创新能力,以及相关的协作精神、适应能力。

2. 应该转变传统的学校观。在信息技术所构成的教学环境中,传统学校和网上学校、网络学院、虚拟大学一起构成整个教育系统的主要部分。

3. 应该转变传统的师生观。现代教育技术进入到教学过程中,教师能够由原来的处于中心地位的知识权威转变为学生学习的指导者和合作伙伴、设计者、开发者、社会文化的诠释者、教育的研究者,更多关注学生学习活动的设计和开发。

4. 应该改变传统的学习观和教学观。现代学习观认为,学习不是被动接受信息刺激的过程,而是主动地构建知识意义的过程。学习需要学习者根据自己的知识背景,对外部信息进行主动选择、加工和处理,从而获得知识的意义。教学不是知识的传递而是知识的处理和转换,教学应该由向学生传递知识转变为发展学生的学习能力,培养学生的主体意识、主体性、个性、创造性和实践能力,在教学过程中应关注动机的激发与维持,以及提供学生自主学习的工具性支持。

5. 应该转变传统的课程观和教学模式观。由过去以课堂的教学内容、教材、教师的经验,以及学生的接受和理解为主的课程,转变为一种包括其他各种媒体类型的课程资源、学生的经验和反馈、课程体系的调整以及教学活动和学习活动等方面在内的课程观。

6. 应该转变传统的教学组织观念。由单一的班级授课制转变为个别化教学、小组教学、班级授课、协作学习等多种组织形式合理使用、综合应用。

7. 应该转变传统的媒体观。媒体的主要功能不应是传递教学刺激的载体,更重要的是教师创设情景,激发和维持学生动机,引导学生、帮助学生探索知识,延伸自己潜能的工具。教学媒体要由仅仅作为教师演示和讲解用的辅助工具转变为指导学生学习和交流的认知工具和情感激励工具。

8. 应该改变传统的教学管理观和教学评价观。传统的教学评价观的做法是:重知识,轻能力,轻智能,更轻思想和情感;重考试分数,轻平时表现;重横向比较,轻纵向比较;重共性,轻个性。现代教育技术在教学评价上则主张全面、整体、积极、有特点地评价学生的能力。既要考察知识也要考察能力和技能,还应评价情感、态度和习惯;既要考察学习结果,进行终结性评价,也应关注学习过程,进行形成性评价;既要有客观评价,也应有主观评价;既要有定量评价,也应有定性评价;既要有教师对学生的评价,也应有学生的自评和互评。

(二)加强对业务与技能培训,提高教师和教育技术专业人员的素质

培训因素主要包括两个层面:一是对现代教育技术人员的业务培训。现代教育技术人员素质的高低,直接影响其工作的质量和水平。对于现代教育技术这个新兴的学科,早期进入的人员多为半路出家,只有通过不断的培训和学习,掌握新知识、新理论、新技术,才能提高专业水平与工作能力。同时,由于现代教育技术在技术方面属于高新技术领域,教学媒体不断翻新,通过培训,从业人员能够不断地学习新技术;教育技术属于新兴的综合应用学科,通过培训可以不断加强、加深理论方面的研究。二是对教师的培训。科学技术的发展,使得大量新型媒体引入教育教学领域,教师如何面对现代教育技术应用模式的多样化,如计算机辅助教学、网络教学、常规电教媒体教学等;教师在进行教学设计时,如何恰当地把握两种教学设计(其一是以“教”为中心的教学设计,即对教什么进行设计,对怎样学进行设计;其二是对如何利用建构主义理论设计新的教学环境和教学软件,充分发挥学

生主动获取知识的主观能动性进行设计),主动将两种教学设计融会贯通,相互取长补短,使之成为既能体现学生认知主体作用,又能发挥教师主导作用的新型教学模式;教师如何恰当地选用教学媒体,在教学中如何自如地使用教学媒体;等等,这些均应在教师培训中得到解决。

(三)加快教育资源建设

物质资源、能源资源和信息资源是现代社会经济与技术发展的三大支柱性资源。教育信息资源作为信息资源的重要组成部分,在提高教育教学质量、挖掘教育的发展潜力上发挥着重要的作用。随着 Internet 技术向宽带、高速、多媒体方向的发展,它以更具人性化的应用方式推动着教育的信息化的飞速前进。已悄然登上教改舞台的网络教育跨越了时间和空间的距离,把获取信息的途径由教室、实验室和图书馆,扩展到因特网所覆盖的任何场所。然而,要发挥网络教育区别于传统教育的优势,就必须有丰富的教学信息资源支持。因此,在教育领域,发展网络教育的核心是网络化教学信息资源库的建设。在我国,教学资源建设主要靠院校教师和教育技术中心实施,多媒体教材、电视教材、网络课程的开发存在着严重的低水平重复制作、效益不高的问题。2000 年以来教育部投资采取课题招标的办法,启动了 21 世纪教学资源库建设工程,第一批网络课程、多媒体教材及素材资源面世,这是充分发挥政论职能多快好省地进行教学资源建设的有效途径。由于有了较大的资金投入,也采取了教师提出设计、由公司参与制作的建设模式。

现阶段我国教学资源建设主要有素材库、策略库、试题库、多媒体教材、网络课程,我们对教学资源库的建设除注意内容丰富、介绍新尖技术外,还比较注意美观,界面设计比较讲究。在教学资源建设方面我们的差距是资源少,网络教学资源更少,管理方面的问题较多。

(四)应该进行现代信息技术环境中的教育模式的研究和实践

信息化教学模式根据现代化教学环境中信息的传递方式和学生对知识信息加工的心理过程,充分利用现代教育技术手段的支持,调动尽可能多的教学媒体、信息资源,构建一个良好的学习环境,在教师的组织和指导下,充分发挥学生的主动性、积极性、创造性,使学生能够真正成为知识信息的主动建构者,达到良好的教学效果。教学模式要由符合工业时代人才标准的单纯的以“传授知识—接受知识”为特征的劳动强度高、效率低、科技含量低的传统教学模式，转变为与信息时代相适应，依托网络和多媒体的开放式的、多种形式共存的现代教学模式，并且对教学模式要合理组合、综合应用、整体优化。

在实际的操作中，应该加强从现代教学媒体构成理想教学环境的角度，探讨如何充分发挥学生的主动性、积极性和创造性，构建成熟的、操作性强的、示范性强的、适用性强的应用模式。

四、现代教育技术发展动态

教育技术实践领域正在发生十分大的变化，多媒体与网络教育应用成为教育技术的重要研究内容，人工智能与知识工程、虚拟现实与仿真技术以及智能 Agent 已广泛应用到教学系统设计与教育软件开发中，信息技术和中小学课程的整合问题及探讨现代远程教育成为当前研究与发展的热点。

随着现代信息与通信技术的迅速发展，许多新的技术都应用到教育领域，如数字化音像技术、广播与卫星通信技术、虚拟现实仿真技术等，教育技术的内容和形式也随之产生了深刻的变革。现代教育技术的应用已不再是停留在音像技术课堂中应用的层次，而是朝着多媒体化、网络化、信息化、教育技术应用模式多样化、远程教育普及化的趋势发展。

（一）资源多媒体化

多媒体这一术语有两方面的含义：一是指以计算机为基础处理多种媒体信息（文字、图形、图像、音频、视频、动画）的集成技术，可扩展为人与计算机的交互方式，一般称之为多媒体技术。二是指将两种或多种媒体进行优化组合形成整体系统，一般称之为多媒体系统。系统中的各种媒体互为补充，协同作用，使系统整体功能要比各个媒体功能的总和更为强大和丰富有效。

教育媒体多媒体化趋势重点表现在两个方面，即多媒体技术的应用和多媒体优化组合形成的多媒体系统的应用。计算机多媒体技术由于具有多重感官刺激，传输信息量大，速度快，传输质量高，应用范围广，使用方便，便于操作，交互性强等优点，使得它在教育领域中的应用势头锐不可当，从而成为教育技术中的主流技术。而从媒体的发展过程和存在规律来看，任何一种媒体都以原形存在、技术升级存在、嬗变存在这三种形式存在，新旧媒体之间并无绝对的可替代性,各种媒体技术在教育中的地位和作用不能以媒体的新旧或传统媒体与现代媒体的标准来划分,旧媒体并不一定会因新媒体的出现而丧失其自身的价值。所以,各种新兴媒体和一些旧有媒体相互交融,共同存在,并运用教学设计的原理进行优化组合,形成具有整体功能的多媒体教学系统也是教育技术多媒体化趋势的一个方面。

(二)网络化

教育技术的网络化趋势重点也表现在两大方面:国际互联网应用的急剧发展和卫星电视网络的飞速发展。当今的数字化信息网络做到了“天网”(如数字卫星通信系统、移动数字通信系统)和“地网”(目前以因特网为主)合一,在网络化的支持下可以实现资源共享、时空不限、多向互动和方便的合作。

国际互联网作为一种远程、广域的通信网络技术的重大革命,已经引起了教育技术的重大变革,并将对未来的教育产生深远的影响。Internet 的不受时空限制、同步或异步的传输模式、双向交互、信息量大的特点使其具有强大的生命力,它也必将得到广泛的应用。

(三)信息化

信息化是指让信息成为构成某一系统、某一领域的基本要素,并对该系统、该领域中信息的生成、分析、处理、传递和利用所进行的有意义活动的总称。我们称对信息的生成、分析、处理、传递和利用为信息技术。教育信息化是将信息作为教育系统的一种基本构成要素,并在教育的各个领域广泛地利用信息技术,促进教育现代化的过程。

教育信息化的目的是培养新世纪的创新人才,是实现教育的现代化。而教育信息化的内容是信息技术在教育中的应用。其具体内容主要是:

1. 环境的完善。

这里所说的环境是指用于学习的环境,用于教育信息存贮、处理和传递的信息环境。教育信息环境主要包括用于远程教育的信息网络系统、学校的校园网、CAI 教室、网络教室、用于教和学的各种支援系统及用于各种教育资源、教育设施管理的管理信息系统。

2. 资源的建设和使用。

这里所说的资源是用在教育信息化中的各种信息资源。与信息环境相比较,教育资源在教育中的应用具有更为直接的作用。教育过程主要是通过各种教育资源的应用予以展开和控制的。对各种教育信息资源的生成、分析、处理、传递和利用应根据教育信息的特点、教育过程的要求展开。

3. 人才的培养。

教育信息化的最终目的就是推进素质教育,实现创新人才的培养。

面向信息社会的新世纪人才应该具备的一项基本素质是信息能力。它是信息社会中每一个人赖以生活,用于学习的基本能力,是进入信息社会的通行证。教育信息化应将每一位学生,乃至全体国民的信息能力培养作为一项重要的内容,这也是实现国家信息化的重要基础和保证。目前,在我国多级、多类学校中广泛开展的信息技术教育应该是实现国家信息化、教育信息化的重要步骤和重要内容。

(四)教育技术的应用模式多样化

现阶段,教育技术在教育中的应用形式是多种多样的,从技术特点上来分大体上可分为五种:

1. 基于视听媒体技术(如幻灯、投影、广播、录音、电视、录像、CAI、语音实验室等视听设备)的多媒体教学形式。

2. 基于卫星通信技术的远距离教学形式。

3. 基于计算机多媒体技术的多媒体教学形式。

4. 基于 Internet 及其他网络技术的网络教学形式。

5. 基于计算机仿真技术的"虚拟现实"教学形式。

针对我国的经济和教育现状,在今后相当长的一段时期内,我国的教育技术应用仍将是以基于视听媒体技术的多媒体教学形式为主,大力发展基于卫星通信技术的远距离教学形式并积极试验基于网络技术的网络教学形式和基于计算机多媒体技术的多媒体教学形式。

(五)远程教育技术的普及化

加入世贸组织使我国国际贸易环境更加优化,必将引发我国经济的又一次腾飞。而国内的经济结构、产业结构等也必然会做出相应的调整,这对人才培养的模式与规格也将提出新的要求与标准。此外,加入世贸组织后我国的各行业面临着更严峻的考验和更激烈的竞争,人才的竞争更是如此,不思进取、不求发展的人将为社会所淘汰。另外,随着经济社会的发展,劳动力的流动性必会越来越强,岗位的再培训、知识的快速更新将成为生活中不可或缺的一部分,再加上终生教育与教育消费的观念日益深入人心,被人们所理解、所认可、所践行,这一切使社会对教育的需求越来越大,形成了一个庞大的教育消费市场。

定时、定点、长期连续进行的正规学校教育已远远不能适应这种巨大的、多样化的需求。要让社会成员放弃目前的一切,重新走进课堂已不现实;人员流动性的增强,生活节奏的加快,使得人们对教育的需求也愈加灵活多样,普通学校教育由于长期形成的强大惯性与惰性,再加上师资、设备等水平和学校所在区域的限制,难承重任;身处经济大潮中的现代人的功利性更强,常常是需要什么补什么,学校教育严密的课程体系也令其难以接受。在这种情况下,远程教育,尤其是现代远程教育就成为人们的首选。但目前我国的现代远程教育发展得很不充分,开展这项服务的机构不多,且多处在摸索阶段,强烈的供需不平衡构成了现代远程教育大发展的可能性与必要性,这将形成一个发展的高潮阶段。

中国加入世贸组织,自然要受到世贸组织有关条款的约束,同时也在相应的方面予以调整改革,以更好地与国际接轨。远程教育作为教育服务贸易的四大领域之一,它的对外开放必将引起众人的瞩目。一方面,国外的远程教育将长驱直入,大举登陆中国,它们有着较多的比较优势,必然会对中国本土的远程教育造成巨大的威胁。为了能与国外远程教育机构进行较平等的竞争,为了抢占中国远程教育市场,我们必须大力发展本土的远程教育机构。另一方面,远程教育的对外开放有可能吸引国外的投资。目前我国教育经费十分短缺,普通学校教育已自顾不暇,投入远程教育的资金数量必然受到很大限制。而在发展初期,远程教育的投资或者说教育的直接成本是相当高的,资金问题(包括学费)可能会成为发展现代远程教育的一大障碍。在这种情况下,只要把握好原则,吸引外资就将是一个有效的解决办法。资金的有效投入将会促进远程教育事业的迅速成长。

加入世贸组织有助于我国现代远程教育技术水平的提高。我国原有的远程教育技术基础薄弱,直至近期,我国远程教育尚以第一代函授教育和第二代广播电视教育为主。前者的操作主体主要是高校,后者则主要是电大。随着现代远程教育的蓬勃开展,会有更多的高校介入到远程高等教育当中来。由于教育过程中各个要素都发生了较大的变化,对教育技术提出了较高的要求,在我国目前现代远程教育技术水平较低的情况下,加入世贸组织有助于提高我们的技术水平。

第一,加入世贸组织有利于双方的教育,包括远程教育的交流。国外远程教育发展较早,已经发展了比较成熟的远程教育技术,编制了符合现代远程教育特点与要求的网络教材,形成了比较稳定的现代远程教育体系。我们可以直接从国外汲取别人的经验、教训,引进其先进技术,少走别人走过的弯路,快速、有效、高起点地发展我国的现代远程教育。第二,虽然 GATTS 规定教育服务应对外开放,但放眼全球,教育全面开放的国家屈指可数,作为关系国家安全与发展的战略领域,教育事业必然会受到国家严格的管理与监控。加入世贸组织,国外的远程教育机构就能平等地进入中国教育领域,但这种进入不是盲目的、无条件的,我们必须通过种种措施进行管理和调控。如此,我们可以利用市场准入的机会,以资格认证、证书认可等为筹码,在技术转让上附加一定条件,如要求其提供一些较先进的技术手段或要求其协助国内远程教育机构技术水平的提高等。第三,加入世贸组织后,本土的远程教育机构就要与拥有较多比较优势的国外同行进行竞争,这会对它们造成压力和危机感。根据世贸组织有关条款的规定,政府的支持与照顾必然会受到一定限制,像以前远程教育机构完全由国家养着、优劣不分、干好干坏一个样的局面将一去不返,走向市场参与竞争已成为远程教育机构的必由之路。这将促使它们积极主动地进行技术革新、改造和发展。另外,远程教育领域内的激烈竞争本身蕴涵着巨大商机,会吸引社会上有关的技术机构、部门进行这方面的技术研究,同样的原因也让我们相信这方面的技术应用于行业、转化为生产力的速度也将大大加快。加入世贸组织在很大程度上促进我国远程教育技术水平的提高和现代远程教育技术的普及化。

第四章 与教育技术学相关的理论

教育技术学是一门新兴的综合性应用科学，它综合了多门相关学科的相关理论，特别是许多随信息技术的发展而建立起来的新观念、新理论，它们交叉、渗透，形成了本学科的基础理论体系，推动着本学科的持续发展。

第一节 教育传播学

传播一词是从英语 communication 翻译过来的，也有人把它译成交流、沟通、传通、传意等，它来源于拉丁文 communicure，意思是共用或共享。现在一般将传播看作是特定的个体或群体即传播者运用一定的媒体和形式向受传者进行信息传递和交流的一种社会活动。传播按其涉及人员的范围大小以及对象可分为四种类型：人际传播、组织传播、大众传播和自我传播。

教育传播是由教育者按照一定的目的要求，选取合适的信息内容，通过有效的媒体通道，把知识、技能、思想、观念等传给特定的教育对象的一种活动。它是教育者和受教育者之间的信息交流活动。

一、基本教学传播模式

（一）拉斯韦尔模式。

早在 1948 年，美国政治学家拉斯韦尔在其论文《传播在社会中的结构与功能》中，一开头就提出了一个著名的命题："描述传播行为的一个方便的方法，是回答下列五个问题：谁（who）？说了什么（say what）？通过什么渠道（in which channel）？对谁（to whom）？产生什么效果（with which effect）？"此后，这句话就被称为"拉斯韦尔五 W 公式"而被人们所广为引用。如果将其变为图解模式，则如下图所示。

拉斯韦尔模式

拉斯韦尔的这个模式建立了传播学研究的基本框架，为传播学的研究内容提供了简明的五分法，几乎主宰了过去数十年的传播学研究。它基本上概括了传播学研究的各个领域:“谁”代表控制研究,“说什么”属内容分析,“通过什么渠道”是媒介研究,“对谁”属受众分析,“产生什么效果”则是研究传播者、内容及媒介对接收者产生什么影响的效果分析。该模式的缺陷是，它只是单向流动的线性模式，过高地估计了传播的效果，忽略了反馈的作用。时至今日，拉斯韦尔模式仍然是引导人们研究信息交流过程的一种简便的综合性方法。

(二)香农—韦弗传播模式。

第一个传播过程模式是香农(Claude Shannon)提出的。由于香农的工作背景，他只对传播的技术感兴趣。后来，他与韦弗(Warren Weaver)合作研究，使得这个模式在其他传播问题上有了更广泛的应用。通常称为香农—韦弗传播模式。它也可用于分析教育教学传播过程，如下图所示。尽管以后人们又开发了许多传播模式，但是香农—韦弗模式让我们能确定并分析传播过程的各个重要阶段和传播要素，因而非常有用。

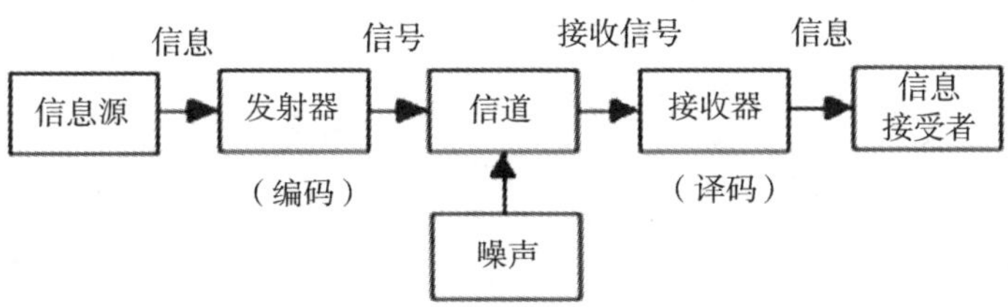

香农—韦弗传播模式

这一模式将传播描述为一种直线性的单向过程，包括了信息源、发射器、信道、接收器、信息接受者以及噪声六个因素，这里的发射器和接收器起到了编码和译码的功能。在信号被传递时，还有一些噪声来源对它起作用。例如，在收看广播电视节目时，天线接收功能不好，电视信号弱，造成图像不清晰;教室里光线过强，影响了显示在屏幕上的投影图像的清晰度;教室外过道上的谈话声过大，影响了课堂的教学授课及学生听讲;等等。这些都可以看作是噪声的影响。

（三）香农—施拉姆传播模式和施拉姆循环模式。

教学传播有两个重要策略：充分利用、努力拓展接受者或学习者的经验领域；研究对信息所代表的意义和内容是如何被理解的，并有效地运用它。这两点是非常重要的。施拉姆（Wilbur schramm）对香农的传播模式做了研究改进，加入反馈环节，如下图所示。

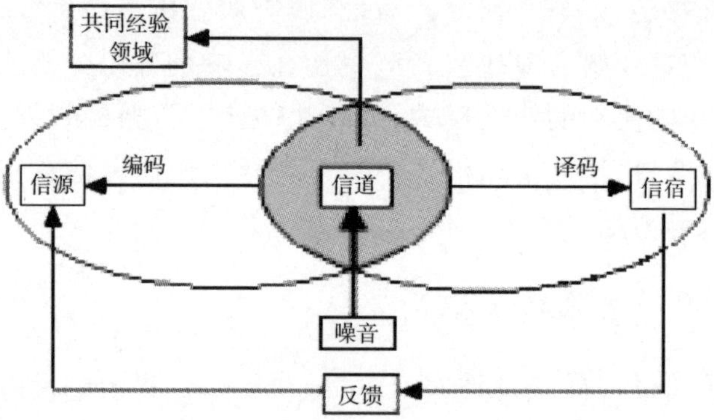

香农—施拉姆传播模式

很明显，图中重点强调的是只有信息发出者（信源）与信息接受者（信宿）的经验领域有重叠的共同经验部分，传播才能完成。同时，在施拉姆提出的传播的循环模式中，不仅设置有反馈并且突出反馈的双向性，表明任何传播活动都应具有双向性，如下图所示。

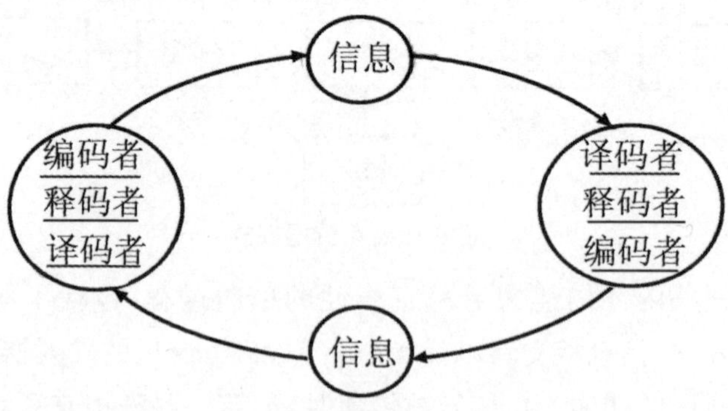

施拉姆循环模式

在传播过程中，传播者和接受者都应该根据他们的知识和技能进行编码或译码。在反馈过程中，接受者要把自己对信息的解释进行编码后传回到传播者那里。传播者也必须对反馈信号进行译码。实际上，在这种情况下,接受者变成了传播者,而传播者则变成了接受者。两者都是依据自己的经验领域解释信息。

这种情况在教学中时常会遇到。例如,在教学中教师在播放一段教学录像前,让学生先有一个准备的环境,包括对主题的事先讨论和对内容的概略介绍等,这些都是为了扩展共同经验部分。在教学中比较理想的情况是,所选择并展示的教学材料有一部分在学习者的有效经验范围之中,使教、学双方具有可以“传通”的地方,利用学习者经验范围内可以理解的例子、比喻等,引导他们进入新的知识领域。同时,学习本身应该是有序的和不断发展的,因此有适当数量的经验范围之外的信息是十分必要的,对学习者具有挑战性,使他们的知识、能力得到增长,他们的经验范围得到扩展。能够在很大程度上超越学习者的经验领域通常是较为复杂的,教学要依赖许多因素,学习者的能力是其中不可忽略的内容。有的学习者对扩展自己的经验领域有很强的责任心和能力,有的学习者需要通过更贴近自己经验领域的学习内容来取得成功。有时,会遇到无法在教师与学生现有的共同经验领域里“传通”的教学内容,于是教师和学生都要寻求经验领域的扩展,可以采用补习、设计间接过程、使用先行者策略等方法。

当然施拉姆的模式也并不是完美的,它存在一个缺陷,该模式在信息传播中传达了一种相等的感觉。正如“你不可能再次涉过同一条河流”一样,信息传播经过一个完整的循环,并不会回到它原来的出发点。人类的信息交流永远是一个动态的、向前发展的过程。而且就交流的对象、能力、资源和交流时间而言,信息传播也往往是不平衡的。

(四)贝罗传播模式。

这一模式是香农—韦弗传播模式在社会学方面的一个发展。该模式把传播过程各要素的特征描写得很明确。贝罗(David. K. Berlo)在他的传播模式中把传播过程的要素分解为四个基本要素:信源、信息、通道和接受者,如下图所示。

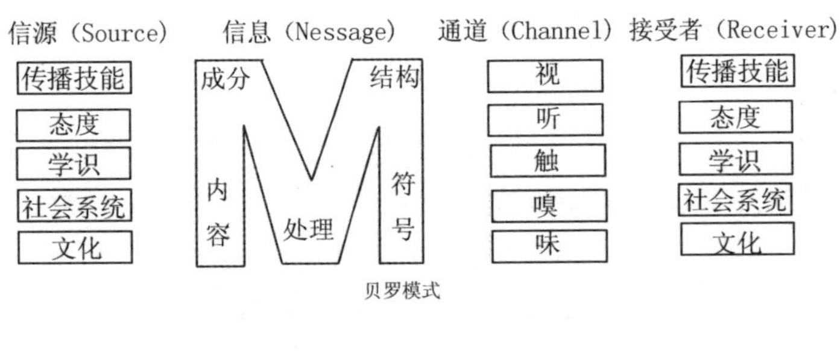

贝罗模式

对于信源和接受者:应该考虑他们的传播技能、态度、学识水平和他们所处的社会系统以及他们具备的文化背景等对传播过程的影响。

影响信息的因素有如下几项:

符号:包括语言、文字、图像、音乐等。

内容:为达到传播目的而选取的信息的成分和结构。

处理:指传播者对信息选择及安排符号所做的各种决定。

通道:指传播信息的各种媒体。包括视觉媒体、听觉媒体、触觉媒体、嗅觉媒体、味觉媒体。如书籍、报纸、广播录音、电话、电视、电影以及人的感官等。

二、传播过程中的要素

不论传播理论中哪种模式描述的传播过程,通常包含五个基本要素:传播者、信息、媒体、接受者和效果。

(一)传播者。

1. 传播者的任务。

传播者在传播过程中处于发送信息的一端,主要任务是提供信息并对信息进行编码以及处理反馈信息。提供信息是说在教学传播过程中,根据教学目标的要求,选择和收集适当的信息内容,并以一种能使学生容易理解的方式,组织和编排教学内容和材料。

信息编码是把要传递的信息内容(如知识、技能)转换为适宜于传递的信号(如声音信号、文字信号、图像信号等),以便传递出去。

信息再反馈是当接受者把接受信息后的反应反馈给传播者后,传播者对接受者反应进行译码(认识、分析),然后对信息传播效果给予再反馈(提出判断并回送给接受者)。在教学过程中,教师对学生学习知识结果给予反馈是非常重要的。

2. 影响传播能力的相关因素。

在传播过程中,影响传播者传播能力的因素主要有传播技能、态度、学识水平三方面。

传播技能是指语言的传播技能,包括说和写的技能,如说话的技巧、文字描述的技能、非语言传播技能(包括姿势、感情、动作等)。教学传播的成功,选择和运用媒体的技能,很大程度上依赖于教师的传播技能。

从态度来说,主要有三个方面的态度影响传播者的传播能力,即对自己的态度、对学科的态度、对接受者的态度。传播者对自身知识水平和能力的自信心,积极的自我意识,对学科的了解程度,是否喜欢这个学科,是否感到它很重要,都会大大影响传播的能力。例如,教师对学生的态度也将影响他们之间有效的信息交流。

学识水平是说对问题的熟悉程度、有关专门知识的掌握和研究情况、基本文化素质水平等直接影响信息的处理能力,信息处理能力左右着人的信息传播能力。另外,个人的社会文化地位对传播能力的影响也是不言而喻的。

(二)信息。

在传播学中信息是指传播的内容和事实(包括消息、资料、知识、数据等)。但内容和事实是不能被直接传递的,实际传递的是信息的符号。例如,一部教学媒体专著的作者,不可能向读者直接地迁移他头脑里关于教学媒体的“意义”,作者所能做的是传递文字和图像符号,从而使读者通过这些符号共生自己的“意义”。

1. 信息的符号。

不同信息可以选用不同符号来表示,有时为了表达某一信息,往往同时使用多种符号。表达信息的符号有语言符号和非语言符号。

语言符号包括口头语言符号和文字符号。语言符号是一种具有词汇和语法结构的符号系统。

非语言符号主要包括动作性符号,如表情、手势、姿势、感情等;音响符号,如音响、音乐等;图形符号,如图像(静止图像、活动图像)、图画(动画、静画、漫画);目视符号,如地图、图解等。

2. 信息的编码、译码。

信息转换成信息符号之后,才能传送并成为接受者可接受的内容的性质。例如,语言信息只有当借助语言符号说出来成为声音信号时,或用文字符号写出来成为可视信号时,才能被传送和刺激接受者的感官而被接受,这就要使用信息的编码和译码技术。一般来说,可以采用多种信息符号和传播媒体传送信息,如用照相机拍摄成照片或通过广播、电视等转换为光、电信号传播。在传播过程中,发送端将信息内容转换为信号的过程,称为信息编码。在接收端,将接收到的信号还原为信息内容的过程,称为信息译码。

信息编码包括两种,分别为信源编码和信道编码。信源编码是指把信息意义转变为信息符号的过程,这一过程通常在传播者大脑中进行,再通过操作性行为表现出来。例如,构思、撰写出一份会议延期的通知。信道编码是指把信息符号转换成信号的过程。例如,将一份文字电报稿转换成可以用电报形式传送的波尔电报码。

信息编码的逆过程就是接收端的译码过程,包括信道译码和信宿译码。信道译码是指把接收到的信号还原为信息符号的过程。例如,邮局将通过电报形式传送的波尔电报码的内容,转换成一份可以供阅读的文字电报稿。信宿译码是指把信息符号转换为信息意义的过程。这一过程常常在接受者的大脑中进行。他们根据自己的知识和经验来解释符号的意义。例如,读懂电报的内容。

(三)媒体。

在教学传播过程中,不同媒体所表现出来的特性也是不相同的。在现代科技迅速发展的今天,越来越多的经验将是间接的、抽象的。年轻人和成年人在他们的学习和训练中,将更多地依赖于媒体传递的各种教学信息。面对面的交流也将更多地为电话、传真、录音、录像、激光视盘、微型计算机以及多种文字印刷材料所取代。教学媒体在教学传播中的作用和地位将越来越受到人们的重视。

第二节　系统科学方法

一、控制论、信息论和系统论的科学方法

现代科学技术上的许多问题,需要多种学科联系起来,共同研究,才能予以解决。这就导致每一门学科,只有在诸门学科相互联系中,才能得到发展。而各门学科在共同研究问题时,需要有一些共同语言、概念、思路和方法论,控制论、信息论、系统论就是适应这种科学技术发展的需要,迅速发展起来的横跨多学科的综合性的方法论科学。

(一)控制论的基本方法

控制论研究问题的基本方法是把研究的对象看成一个整体,称为被控

系统，把研究对象受周围环境的作用看成通过特定的通道实现“信息输入”（又称给定信息），把研究对象对周围环境作用下的反应看作通过特定通道来实现的“信息输出”（又称真实信息）。把给定信息作用的结果，通过真实信息返送回来，并对信息的再输入发生影响，起到调节控制作用，这种过程称为反馈（Feedback）。利用信息的输入、输出的观察试验，来研究事物的方法，称为反馈方法。

反馈是技术过程、生物生理过程、心理过程和社会过程的普遍现象，因而利用控制条件观察反馈现象是研究各种事物的一种有效方法。在教育上可以运用控制论的理论和反馈法来研究人的心理活动、教学过程和学校管理。例如，许多经验证明，每当学习新知识时，要注意学生的反应，并“趁热打铁”地检查学生的作业或进行小测验，这种形成性的检查和小测验并不是为了评分，只是作为反馈信息，借以了解学生掌握知识的情况，从而针对每个学生和教学中存在的问题，对症下药，因材施教，效果很好。这种经验也是反馈原理的实际运用。

（二）信息论的基本方法

20 世纪 70 年代以来，由于电子计算机的广泛应用，通信能力的巨大提高，人们越来越认识到信息的重要性，在各个科学领域中，都运用信息的观点和方法来研究问题。信息论研究问题的基本方法，是把系统（整体）的运动过程当作信息的输入、传递和转换过程来研究。它是通过信息输入、信息加工处理、信息输出和信息反馈等主要步骤，构成一个有秩序的科学研究过程的信息流程。通过对信息流程的分析和处理，来揭示研究对象的性质和规律，以实现科学研究的任务。

信息论研究问题的主要特点是，它完全撇开了研究对象的物质和能量的具体形态，而把研究对象抽象为信息及其变换的过程。信息不是物质，也不是能量，而是事物交换过程中一种特有的物质运动形式。但是，信息必须借助物质载体及其能量才能传递。

运用信息论的方法进行问题研究时，不是割裂系统的联系，用孤立的、局部的、静止的方法去研究事物，而是用联系的转化的观点来研究信息的输入、加工处理、转换、传递等整个系统运动的过程。这种研究事物的方法，对于揭示事物之间的联系和相互影响、转化是有很大帮助的。例如，在教育管理工作中，可以运用信息论的方法去研究工作，如上级的指示是“信息输入”，向下级人员宣布和布置工作是在“传递信息”，了解各方面的执行情况是“信息反馈”，如果没有畅通的信息渠道，信息反馈失灵，管理工作必然难以进行，所以教育管理要建立完善的信息渠道和信息反馈制度。

（三）系统论的基本方法

什么是系统？系统就是由若干相互联系、相互作用的要素（或子系统）构成的，具有特定功能和运动规律的整体。例如，消化系统是由口腔、食道、胃、肠、肝等器官组成的，以消化食物和吸收营养为主要功能的系统；我国的国家行政系统是由中央政府、省级政府、地区级政府、县级政府和乡级政府组成的，行使行政管理的系统。系统论就是研究系统的模式、原理和规律的科学。系统论的基本理论可以概括为以下几个方面：

第一，整体功能和各部分功能的总和并不相等。任何系统虽由若干部分（要素）所构成，但在功能上，各部分功能的总和不等于整体的功能。例如，水（H_2O）由氢元素、氧元素构成，而单质的氢气和氧气都没有水的功能。系统论的这一理论，有人称之为“整体性原则”。它要求人们在研究和处理问题时，要牢固地树立全局观念，始终把研究对象看作一个有机体。用什么要素（子系统）构成整体，各要素之间的关系如何安排，都要有利于系统整体功能的发挥。例如，一个学校应从提高教育质量、实现培养目标这一整体功能出发，来考虑管理体制、机构组织和人才使用等问题。

第二，系统的结构决定系统的功能。结构是系统内部各个要素的组织形式，功能是系统在一定环境下所能发挥的作用。系统的结构决定系统的功能，不同的结构可以发生不同的功能。如金刚石与石墨的构成元素都是单质碳，但由于结构上存在差异，两者性能截然不同。有人把系统论的这一理论称之为“联系性原则”，它要求人们在研究和处理问题时，除对构成系统的要素加以注意选择外，还要特别重视系统内部各要素排列、组合的顺序和层次，使其有个合理的安排，以充分发挥系统的功能。如一个校长应使学校结构、各层次、各因素合理地组织起来，以求更好地完成学校的任务。

第三，动态观点。在系统论看来，任何系统都是一个运动过程，如思维过程是以感觉、知觉、记忆、分析、综合等来表征它的运动过程。系统论、控制论、信息论都是以动态的观点去分析考察事物，注意事物运动状态，考察研究事物的运动的过程，从而选择恰当的过程。

第四，也被称为最优化的最佳观点，这是系统论的出发点和最终目的。

人们对系统进行研究和改造的最终目的是使系统发挥最优的功能。一个系统可能有多种组成方案,要选择最优的方案,使系统具有最优功能。例如,生产系统要求高产、优质、低成本、低消耗、高利润,具有多种目标。为了使生产系统具有最优的功能,必须将这些目标综合起来考虑,采用功能最优的方案,这就需要做出最优的设计、控制和管理。

系统论的基本原理在这里可以归纳为反馈原理、有序原理和整体原理。所谓反馈原理,是指任何系统只有通过反馈信息才能实现控制;所谓有序原理,是指任何系统只有开放,与外界有信息交换才能有序;所谓整体原理,是指任何系统都有结构,系统的整体功能不仅是各组成部分的功能之和还应再加上各部分因相互作用形成结构所产生的新增功能。

二、系统方法的教育应用

从20世纪60年代中期开始,教育技术领域着重关注系统方法分析,解决教育问题,并提出教育系统方法的概念。布朗(Brown,J. W)等人在再版的《视听教学:媒体和方法》中指出,自1964年以来一个具有明显意义的重要发展是"'系统方法'或'教育系统方法'"。前者是从整体协调的观点出发,探讨教育与经济、政治、文化结构等的基本关系,据此确定教育发展的动向,改善教育组织体制;后者则偏重于在具体教育情境中课程的设置、教学过程和师生关系的分析,着眼于如何使教学活动更为有效、如何引发学习动机和改变学习行为、如何评价教学成果等。

(一) 考夫曼的教育模式

考夫曼在20世纪70年代出版的《教育系统计划》(Educational System Planning)中,把系统方法定义为解决问题的逻辑过程,逻辑过程的组成是:确认需要解决的问题,确定解决问题的必备条件,从备选方案中选择解决问题的途径(策略)并组成解决问题的方法和手段,实施,评价效果,对系统的整体或部分作必要的调整或修改。

按照这一模式,教育系统方法可以分成确定问题和解决问题两个阶段。确定问题,要逐步进行有关的分析:使命分析、职能分析、任务分析、方法和手段分析。使命分析就是要决定目标是什么,使用什么标准知道自己已经达到目标,所制订的计划在从现状走向达标的过程中起了什么作用。职能分析的作用是先把整个使命分成若干主要的职责,然后对每个职责加以分析,以便决定完成每个职责应当做些什么,需要哪些必要条件,每个主要职责还可以细分。任务分析只需把与每一个细小职责有关的那些活动的数量单位填写在表格上。方法和手段分析的目的是把可供选择的每一种策略和工具及其优缺点列成表格,这一工作既可在完成了对使命、职能和任务的分析之后进行,也可与上述几项分析同时进行。

(二)科里根的教育模式

美国学者科里根等在1969年出版的《教育的系统方法》中提出,系统方法在教育中的运用涉及五个步骤:

1.使用精确的术语来确定系统的目标。

2.确定为实现系统的目标而必须执行的功能。

3.决定如何以最优的方式来执行这些功能。

4.把各类资源组织成一个有机的、协调运行的系统。

5.对运行的系统的效率进行检验,根据存在的缺陷以及外界变化的需要,对系统做出必要的调整和修正。

(三)伊利的教学模式

美国教育传播和技术协会前主席伊利认为,系统方法本身应该包括五个基本过程:

1.分析确定问题、确认目标。

2.选择和设计解决问题的方案。

3.发展解决问题的方案。

4.尝试、评价和修订解决问题的方案。

5.实施与控制具体的解决问题的过程。

整个过程的各个步骤之间的关系是非线性的,注意过程与过程、步骤与步骤之间的相互作用,以及在运用当中的创造性与启发性是这一系列过程的指导思想和重要特征。

(四)布里格斯的教学设计模式

布里格斯的教育模式是这样的,他把幼儿园到中学毕业看成一个教学设计系统。以这个系统为对象,他构建了一个概括性的过程模式。

在他的这一过程模式中,并没有详细地描述那些具有特殊教学内容序列化的过程,而是描述了进行课件和项目发展的一种有组织性的规划。这个模式既适合于教学项目的设计也适合于教学课件的设计。在布里格斯看来,学校系统中设计教学过程最重要的是调整教学的有关限制,尤其是对学习者的能力水平的了解。且在此基础上进行一系列的形成性评价,实施一定的补救教学。布里格斯的过程模式是以系统论为理论基础,侧重考虑学习者能力水平的教学设计模式。

(五) 德里克的教材开发模式

德里克的这一教学模式分为3个阶段:

首先是规划内容阶段:学习者分析、确定教学目的和教学目标、教学纲目分析、选择教材媒体、计划向学生提供支援分析、考虑现有的教材。

其次是准备内容阶段:考虑现有资源及限制、确定教材的结构、设计活动及反馈、寻找示例、考虑使用的图表、确定引导学生入门的手段、考虑版面形式。

最后是撰写和修改阶段:撰写初稿、完成编辑审稿、编写检验材料、使用和获得反馈、修改完善。

第三节 学习理论

学习理论也称为学习心理学。作为人的学习过程和学习资源的设计、开发、应用、管理和评价的理论和实践,教育技术必须依照人们学习的心理过程,遵循人们学习的规律,所以,学习理论是教育技术的指导理论。通常,学习心理学是原理和描述性的,是依据的心理规律,而教育技术则是方法和处方性的,是解决问题的措施和技术。

一、基本流派

学习理论可以说是心理学中最繁荣的领域之一。最早对学习进行实验研究的是心理学家德国人艾宾浩斯,他通过对人类语言学习的研究,提出了著名的“艾宾浩斯遗忘曲线”。最早对动物进行学习实验的是美国心理学家桑戴克,他的研究引入了新的研究方式。现代学习理论可以分为3种类型,分别是:刺激—反应学习理论、认知学习理论、人本主义学习理论。

下面我们详细叙述一下这三种类型。第一种类型,刺激—反应学习理论,这一理论以行为主义心理学的基本假设"学习者的行为是他们对环境刺激所做出的反应;所有行为都是习得的"为依据,认为人的内心是无法观察的,只能通过对行为的研究来说明人的心理,心理学是一门行为科学。这种理论强调临近和强化在学习中的价值。例如,刺激与刺激的临近、刺激与反应的临近、反应与强化的临近、刺激—反应连接之间的临近。在教育技术中,主要采用刺激—反应学习理论中关于"学习强化"的有关理论。

第二种类型,认知学习理论,这一理论探讨学习的角度与行为主义相反,认为是个体作用于环境,而不是环境引起人们的行为。环境只是提供潜在的刺激,至于这些刺激是否受到注意或被加工,取决于学习者内部的心理结构。心理结构指学习者知觉和概括自然社会和人类社会的方式。当新的经验改变学习者现有的心理结构时,学习就发生了。学习的基础是学习者内部心理结构的形成和改组。人的心理结构的改变遵循不平衡原理。当学习者现有的心理结构在试图加工所选择的刺激不成功时,心理结构就会失去平衡。当学习者经过努力改变不平衡并重新得到平衡时,认知结构就发生了改变。新的认知结构始终受到原有的结构的影响。在教育技术中,主要采用认知学习理论的建构学说和信息加工学说。

第三种类型,人本主义学习理论,这一理论认为应该研究的或探讨的是完整的人,而不是对人的从属方面(行为或认知)进行分割或是还原式地分析;认为每一个人都有发展自己的潜力的能力和动力,真正的学习经验能够使学习者发现自己的独特品质和作为一个人的特征,实现自我。该理论认为学习主要包括四个要素:①学习具有个人参与的性质。指整个人(包括情感和认知两方面)都要投入到学习活动中。②学习是自我发起的。指即便学习的推力或刺激来自外部,但基本的学习要求,如发现、获得、掌握和领会的感觉来自学习者个人(内部)。③学习是渗透性的。学习会使学生的行为、态度,乃至个性都发生变化。④学习是自我评价的。例如,学习准则、学习目标和在何种程度上达到目标等。

二、学习过程

中国古代学习思想十分丰富,其中对于学习过程的见解亦是十分精辟。例如,在《中庸》中,孔子将学习过程概括为五个步骤:"博学之、审问之、慎思之、明辨之、笃行之"。博学就是多见多问,审问就是多问多疑(不是怀疑一切),慎思就是学思结合,明辨就是形成明确的概念,笃行就是学以致用。它综合了古代儒家重视学思结合、知行统一的思想而加以发展,成为系统化、条例化的内容。学习要通过学、问、思、辨、行,而且要做到博、审、慎、明、笃,无疑是符合学习过程和道德教育过程的客观规律,也是对教育经验的总结。

19 世纪著名教育家赫尔巴特将学习过程划分为四个连续的步骤:明了、联想、系统和方法。“明了”指清楚、明确地感知新的学习内容(例如阅读教科书),可以采用与原有知识、观念的比较和分解新内容的方法来实现;“联想”指调动创造性的心理活动(想象和记忆),把新的学习内容与已经形成的相关观念形成某种方式的组合,建立起联系;“系统”指把各种新旧概念的初步组合上升为更大范围的知识和观念的联合,形成普遍性的概念和紧密有系统的联系;“方法”指必须通过一定的练习才能实现观念体系的形成、充实和完善或融会贯通学习的各种知识。把所学的知识重新加以组合,去解决各种实际问题,进而深入而牢固地掌握知识。即从“个别的明确清楚”到“许多个别的联合”再到“已经联合的许多集体的观念的系统化”,最后“依据观念系统化进行某种应用”。

学习的信息加工模式过程。随着信息理论等研究的进展,人们试图将人类学习的过程与计算机处理信息的过程进行类比。依据信息加工观点,所有的学习都是通过一系列的内在心理动作对外在信息进行加工的过程,这个信息加工的过程主要包括信息的输入、加工处理与输出。较有代表性的是美国心理学家加涅(Gagne,1974)提出的信息加工模式。

加涅根据信息加工的观点和有关研究的一些结果,用模拟方法进行推论而提出了一种假想结构。加涅将学习过程视为信息流程,环境中的刺激经过学习者的感受器官(如视觉、听觉器官),将物理能量转换为神经冲动,并通过神经系统向中枢传递。通过大脑中枢的一系列的加工与处理,信息得以编码、储存与提取,并在适当的情况下,通过反应动作作用于环境,从而引起环境的变化。而环境的变化又作为一种反馈信息,与学习的预期目标相对照,以决定下一步的学习。信息加工过程还受到学习的需要与目的(期待)以及学习者原有的身心发展状况的影响。根据信息加工的流程,加涅将学习过程具体分为八个阶段,如下图所示。

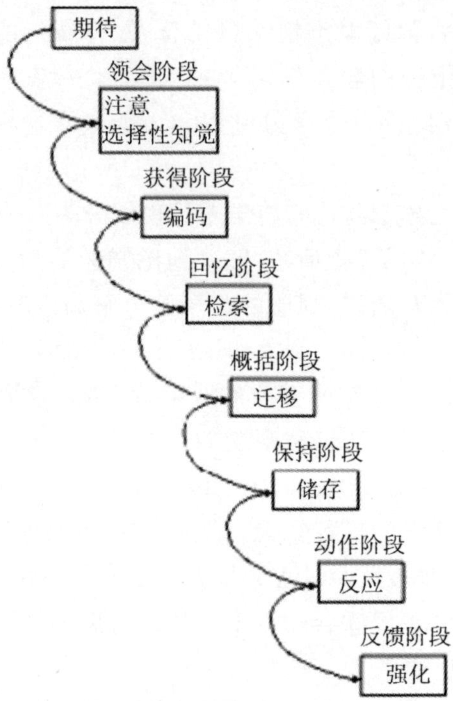

加涅的学习过程

学习的建构模式过程。建构主义是关于经验是如何获得的一种学习理论,它试图描述知识经验是什么,同时也试图解释个体是如何获得这些知识经验的。在本质上,建构主义对于知识的认知是与客观主义相对立的。客观主义认为,世界是真实的,具有结构性的,因此存在着有关世界的可靠知识。学习者在学习中就是要获取这些知识。教师的教学就是传授这些知识,学习者可以在学习中获得与教师同样的理解。而建构主义认为,每一个人的世界是由个体的大脑创造的,每一个人都以不同的方式想象外部的世界,这种不同基于个体独特的对世界的经验集合以及个体对经验的信念,不存在唯一的和客观的真实。因此,知识的学习是没有统一水平的,应以个人的经验为依据。建构主义认为,个体获得的知识经验具有暂时的、发展的、非客观的、内部建构的、以社会文化为中介的等特点。建构主义的研究者对学习的建构过程进行了探讨,提出了学习建构的各种模式,并试图应用于教学中。维特罗克(Wittrock,1983)提出的生成学习模式过程是建构学习理论中比较有代表性的一种,如下图所示。

在下图中，生成学习的过程即学习者将原有的认知结构与从环境中接受到的信息相互作用，主动地选择和注意信息并主动地构建信息意义的过程。对该模式图的具体解释如下：

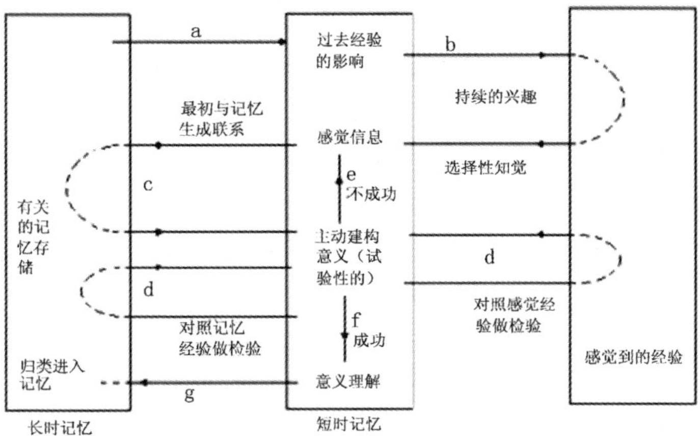

维特罗克的生成学习模式

a. 长时记忆中影响个体知觉与注意的有关内容、以特殊方式加工信息的倾向等进入短时记忆，这体现了过去经验的影响。

b. 进入短时记忆的内容与倾向同时又转化为学习的动机，表现在有持续的兴趣去选择、注意有关信息。

c. 欲理解所选择的信息的意义，需要与长时记忆中的有关信息建立联系，以建构、生成其意义。

d. 建构意义时，可以通过与感觉经验、与长时记忆中储存的有关经验进行对照，以检验所建构的信息。

e. 如果经检验，建构意义不成功，应返回到感觉信息，并检查感觉信息与长时记忆的联系情况。

f. 如果建构成功，即实现了意义的理解。

g. 将所理解的信息从短时记忆归入长时记忆，表现为被原有的认知结构同化，或重组原有认知结构。

美国教育部教研室提出的建构主义在学校的教与学中的应用要点，对正确理解、应用建构学习理论很有启发，其中要点如下：

1. 学习依赖于学习者以前的经验。每个学习者都具有以前经历所形成的、独特的知识结构网、信念和态度，这一切是获得和整合新知识的基础。

2. 学习者必须建构起自己的意义。学习并不是一个简单的、以其他人设计的形式获取知识的结果。学生必须自己进行知识的组织和再组织，并且把它们放入已有的知识储存库中去，而不是被动地获取知识。

3. 学习是情景性的，新知识所具有的意义高度依赖于情景，知识在不同的情景下具有不同的意义，很少有独立于任何具体情景的意义。

4. 学习依赖于共同具有的理解，这种共有的理解来自学习者与他人的商讨（negotiate）。在学校的学习中，学生和他们的老师带来了各自具有的知识、信念和对课堂的感受，通过日常的相互作用，师生商讨着对于知识的共同的理解。

5. 建构主义的教学包括理解学生现有的认知结构，并且提供适当的学习活动去帮助他们。建构主义的教育家们认为，建构主义的学习观与所观察到的大多数教学方法相左。因为在学校的学习中往往是把其他人的知识和权威的观点强加于学生，而学生们对于世界的很多理解是与他们所学的内容相冲突的。

6. 针对概念变化的关键成分可以采取特定的教学方法。比如，可以设计聚焦于某一知识点的问题、在材料中标出大小标题、提出切实的目标等方法，引起学生对信息的意识。可以采取苏格拉底的辩论法引起对不平衡的意识。在辩论过程中，积极地理解学生的观点也是教学方法的一部分。为了引起学生认知再构造的动机，建议教师提供机会让学生思考和表述他们的观点；鼓励学生挑战和反思同学的观点；引发学生理解个体的经验，从而使经验具有意义。

7. 建构主义导致了关于何为优秀的教与学的新观念和师生角色的新观念。教学在社会情景中形成，这对于课堂教学具有深远的意义，课堂不再是以教师为中心，即认为教师是位于所有知识前列的。教师将作为指导学生学习的指导者和探路者，在必要时说明信息，维持进行学习的适当的环境。

8. 在建构性的教与学中，更多强调的是“学会如何学习”，而不是事实的积累，并且创造了一个关于学习内容的哲学：少就是多。“少就是多”的意义是：在科学领域中，持续地产生着越来越多的知识，显而易见，不可能让学生去学得如此大量的信息。随着如此快速的变化，知识经常会变得过时，即使有不少信息是学生所需要的，不断增长的信息量也是不利于学习的（counter-productive）。最为重要的是，要使学生理解科学的作用，以及使学生形成阅读和分析科学信息的能力。需要发展的是质的理解而不是大量的信息。

上面所说的几种观点分别对学习的宏观与微观过程进行了描述，尽管各种模式过程中所揭示的具体的学习过程、环节有一定差异，但都在不同程度上涉及了几个典型的学习过程，如动机过程、经验的获得与保持过程、经验的应用与迁移过程等。

三、学习的种类

学习现象并不简单，它是非常复杂的，涉及不同的学习对象、内容、形式、水平等。对于不同类型的学习而言，其过程以及所需要的条件是不同的，因此，用单一的模式来解释本质上不同的学习类型是不恰当的。应区分不同类型的学习，探讨不同类型学习的规律，从而促进有效的学习。加涅认为人类学习的复杂程度是有不同层次的，根据学习的繁简程度的不同，提出了八类学习：

1.信号学习。这类学习方式是说学习对某种信号做出某种反应。经典性条件反射即是一种信号学习。这是一种最简单的学习，其先决条件主要取决于有机体先天的神经组织。狗学会对声音信号做出唾液分泌反应即是例证。

2. 刺激—反应学习。这类学习方式主要是指操作性条件作用或工具性条件作用。其中，强化在该类学习中起到非常关键的作用。白鼠学习压杠杆、鸽子学习啄键等皆属此类学习。

3. 连锁学习。这类学习方式是一系列刺激—反应学习的联合。个体首先要习得每一个刺激—反应联结，并按照特定的顺序反复练习，同时还应接受必要的及时强化。如鸽子学习做出一系列的复杂的动作（例如"走8字"）。

4. 言语联想学习。这类学习方式的实质是连锁学习，只不过它是语言单位的连接。如将单词组合为合乎语法规则的句子。

5. 辨别学习。这类学习方式是指能识别各种刺激特征的异同并做出相应的不同的反应。它既包括一些简单的辨别，如对不同形状、颜色的物体分别做出不同的反应，也包括复杂的多重辨别，如对相似的、易混淆的单词分别做出正确的反应。

6. 概念学习。这类学习方式是指对刺激进行分类，并对同类刺激做出相同的反应，这种反应是基于事物的某些特征而做出的。如对圆的概念和质量的概念的学习。

7. 规则的学习。这类学习方式也称原理学习。了解概念之间的关系，学习概念间的联合。自然科学中的各种定律、定理的学习即规则学习。

8. 解决问题的学习。这类学习方式也指高级规则的学习。在各种条件下应用规则或规则的组合去解决问题。

上面所说的八类学习是分层排列的,由简单到复杂,由低级到高级。同时,又具有累积性,每类学习都以前一层次的低级学习为前提,较高级、较复杂的学习是建立在较低级、较简单的学习基础之上的。一些年之后,加涅(1971)对这八类学习进行了修正,将前四类学习合并为一类,将概念学习分为具体概念和定义概念的学习。因此,原来的八类学习变成了六类学习:连锁学习、辨别学习、具体概念学习、定义概念学习、规则的学习、解决问题的学习。

20 世纪 70 年代,雷兹兰在对多种有关资料进行综合分析的基础上,依据学习的进化水平的不同将学习分为四大类,每一类又包含一些子类别:

1. 反应性学习。反应性学习是一种最简单的学习,包括习惯化与敏感化。

2. 联结性学习。联结性学习是条件反射的学习,主要有三种:一是抑制性条件学习,即不重复被惩罚的动作的学习。二是经典性条件学习,可发生于简单动物身上,如蚯蚓。三是操作性条件学习,在低等脊椎动物身上可产生。

3. 综合性学习。综合性学习把各种感觉结合为单一的知觉性刺激。包括感觉前条件作用(即 S—S 学习)、定型作用(对复合刺激反应,而不对其中的个别刺激反应)与推断学习(客体永久性观念的运用)。

4. 象征性学习。象征性学习是一种思维水平的学习,主要为人类所特有,包括符号性学习、语义学习与逻辑学习。这三种学习是言语学习的三个阶段。

四、学习的方式

根据学习方式的不同可以将学习分为接受学习与发现学习、意义学习与机械学习。接受学习指将别人的经验变成自己的经验,所学习的内容是以某种定论或确定的形式通过传授者传授的,无需自己去独立发现。学习者将传授者呈现的材料加以内化和组织,以便在必要的时候利用它或再现它。发现学习是指在缺乏经验传授的条件下个体自己去独立发现、创造经验的过程。意义学习是指学习者利用原有经验来进行新的学习,理解新信息。机械学习即在缺乏某种先前经验的情况下,靠死记硬背来进行的学习。

奥苏贝尔认为,进行上面所述的区分是非常必要的,因为有些人认为,接受学习在很大程度上是机械的,发现学习是有意义的。这实际上是对接受学习和发现学习的误解,或者是对两类学习的理解不全面。接受学习既可以是机械的,也可以是有意义的。在有意义的接受学习的情况下,有潜在意义的课题或材料在内化过程中被理解,成为有意义的。在机械的接受学习的情况下,学习课题要么缺乏潜在意义,要么是学习者在内化过程中没能使之成为有意义的。同样,发现学习中亦存在着意义与机械的区分。动物的尝试错误即机械的发现学习,而科学家的发明创造即有意义的发现学习。奥苏贝尔以一个图表对学习及其关系进行了对比,如下图所示。

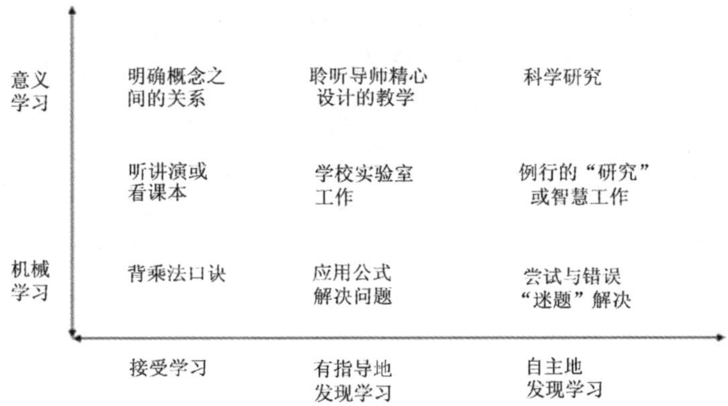

不同学习方式及其关系

现阶段,越来越多的教育心理学家同实际教育工作者都认为,在学校情境中,尤其是在课堂教学情形下,接受学习是学生的最主要的学习类型。通过学习者的主动构建而进行的接受学习是一种高效的学习形式。否定学生学习的接受本性,实际上就否定了教育的作用,这必将导致教育思想的混乱,也无助于人才的培养。同样,将接受学习与发现学习截然对立起来也是不恰当的,接受学习为高水平的发现与创造提供必要的知识、技能的准备,事实也证明,历史上科学的重大发现与创造都是在接受前人的经验与教训的基础上产生的,所以,不应将接受学习与被动的机械学习等同起来。

五、学习结果

根据学习所得的结果或形成的能力的不同也可以对学习进行分类。加涅于 20 世纪 70 年代提出了五类学习结果:

第一类是智力技能。这一类学习是利用符号和环境互相作用的能力,即学习“怎么做”的一些知识,有人称之为过程知识。如应用一些原理、法则去解答习题。智力技能又包括一系列子类别,加涅依据学习的不同层次所划分的八类学习都可以视为智力技能。辨别是最基本的智力技能,在此基础上才有可能逐步分层形成更为复杂的具体概念、定义概念、规则、解决问题等高级的智力技能。

第二类是认知策略。这一类是内部组织起来用于调节学习者自身内部注意、学习、记忆与思维过程的技能。在加涅的学习过程模式中,认知策略是通过执行控制环节体现出来的,如何选择性地注意、如何编码以便于提取、如何采取有效的步骤解决问题、如何在适当的时候进行迁移,诸如此类的调节控制过程都是通过认知策略来完成的。

第三类是言语信息。这一类是指学习大量的名称、事实、事件的特性以及许多有组织的观念等。与智力技能类似,言语信息也包括复杂程度不同的一些子类别,最简单的一种信息是名称或命名,即了解、知道学习对象的名称或称呼。另一种言语信息是用简单的命题来表达某一事实,如“生命在于运动”。还有一种言语信息是指由相互关联的事实、命题等构成的知识体系。

第四类是运动技能。这一类是指有组织的、协调而统一的肌肉动作构成的活动。从穿衣、写字、走路这些较简单的活动到操纵车床、飞机等器械的复杂的活动,都包含着运动技能。当各种动作被组织起来并构成了一个连贯性的、整齐的、有明确时间性的完整动作时,即可视为形成了运动技能。该技能是在不断练习的基础上形成的。

第五类是态度。这一类学习是指影响个人选择行动的内部状态。个体采取何种行动是受到态度影响的。个体可以通过各种途径方式来形成态度,比如通过某种特殊事件、通过模仿或其他亲身经历来形成态度。

加涅认为,每一种学习结果都有其各自的特点,其产生依赖于不同的内外部条件,教学只有了解各种不同的条件,才能有效地促进其产生各种学习结果。

六、学习内容

根据传授经验的内容不同,可以将学生的学习分为知识的学习、技能的学习与行为规范的学习三类。

第一类是知识的学习。知识是客观事物的特征与联系在人脑中的能动的反映，是客观事物的主观表征。主观表征指知识及其组织结构，既包括感觉、知觉、表象等，也包括概念、命题、图式等，这些主观表征分别标志着对事物反映的不同的广度与深度。知识的学习即知识的掌握，是通过一系列的心智活动来接受和占有知识，在头脑中建立起相应的认知结构。具体讲，知识的学习是通过领会、巩固与应用三个环节完成的，每一个环节又有其特殊的心智动作。知识的学习要解决的是认识问题，即知与不知、知之深浅的问题。

第二类是技能的学习。技能是通过学习而形成的合乎法则的活动方式，有心智技能与操作技能两种。心智技能指学习得来的合乎法则的心智活动方式，通过原型定向、原型模仿与原型操作三个环节实现。操作技能指学习得来的合乎法则的操作活动方式，通过操作定向、操作模仿、操作整合与操作熟练四个环节实现。技能的学习比知识的学习更为复杂，学习者不仅要掌握、了解有关活动的法则与活动的结构、执行方式，同时还要获得各种动作的执行经验，即技能学习不仅包括动作的认识问题，还包括动作的实际执行问题。不仅要知道做什么、怎么做，同时还要能够实际做出动作。技能学习最终要解决的是会不会做的问题。

第三类是行为规范的学习，又称社会规范的学习。行为规范是由一定的社会组织根据一定社会生活方式提出并要求其成员共同遵守的行为要求，它是人类社会用以调节人们的社会行为、实现社会控制、维持社会秩序的思想工具。行为规范的学习即行为规范的接受，是把外在于主体的行为要求转化为主体内在的行为需要的内化过程。通过行为规范的依从、认同与信奉三个阶段实现。行为规范的学习既包含行为规范的认识问题，又包含执行及情感体验问题，因此比知识、技能的学习更为复杂。

知识、技能是能力结构的两种最基本的构成要素，知识、技能的掌握是能力形成的开端。通过广泛地迁移所掌握的知识、技能，使之概括化、系统化，才能将知识、技能转化为稳定的能力。行为规范的接受过程实际上也是品德的心理结构的构建过程。因此，欲培养学生的能力与品德，必须从知识、技能与行为规范的学习、掌握入手，同时要考虑不同类型的学习所具有的特殊规律。

除上面所说的类型外，还可以从其他角度来划分学习。例如，布鲁姆从教育目标和教育任务出发，将学习分为认知领域、情感领域与动作技能领域这三大类，每一领域又包含一些子类别。

第五章 现代教育技术

第一节 现代教育技术概述

一、现代教育技术的内涵

除了“教育技术”这个术语外,在我国二十世纪八九十年代又出现了“现代教育技术”这个术语,两者没有本质区别,都是指为了解决教育教学问题所使用的物化形态技术和智能形态技术。本书中引入现代教育技术这个概念的主要目的是使研究的对象和范围更加明确。和传统教育技术相比更多地注意探讨与现代科学技术有关的课题,传播教育信息,为教育提供丰厚的基础。以现代学与教的理论为依据,并用系统的方法去调动、协调、处理好教学系统中各要素,使教育技术更有时代特色,更加科学化和系统化。具体体现在以下几个方面:

1. 现代教育技术研究的对象是学习过程和学习资源。

从现代教育技术的观点来看,“教学”是对信息和环境的安排和协调,其目的是对学习者的促进。“学习”指学习者通过与信息和环境的相互作用而获得知识、技能和态度的长进,不言而喻,教育技术的出发点和归宿都落在学习者身上。学习资源指支持学习的资料来源或资料库,它包括支持系统的教学材料与环境,但资源并非仅指用于教学过程的设备和材料,还包括人员、预算和设施。

2. 系统方法是现代教育技术的核心。

现代教育技术是以系统方法为核心展开全部教育实践的,即对学习过程与学习资源进行设计、开发、应用、管理和评价。

3. 现代教育技术的目的是追求教育的最优化。

教育最优化是指在一定的条件下，在同样的时间内，使学生学得多些快些好些。最优化标准有两个：一是最大效果，二是最少时间。用最少时间得到最大效果是教育技术所追求的目标。

二、现代教育技术的指导思想和实践方法

（一）现代教育技术的指导思想

现代教育技术已发展为一个特定的实践与研究的领域，它已不是一般的某种教学方法的应用，而是三种思想（应用各种各样的学习资源、以学习者为中心、运用系统方法）综合运用于教育、教学实践而形成的一个具有特色的教育实践与研究领域。表现在：它分析和解决教育教学问题的指导思想是以学习者为中心，以学习理论和传播理论为指导，借助教与学的资源特别是将教学媒体作为与学习者相互作用的基本手段和形式，运用系统方法，对教与学过程进行系统设计，从而获得有效的教学效果。这里需指出的是以学习者为中心是指强调学习者及其需要是教育技术的中心，明确学习者的需求，是开展有效教学的基础。衡量教学成效要以学习者学习成果为依据。因此，教育技术要重视分析学习者的特点，因为学习者的情况对于选择目标、设计教学模型、制定策略、确定评价标准等教育决策产生直接的影响。借助教与学的资源是指在教育技术中解决问题的表现形式是依靠开发使用学习资源与学习者相互作用来提高学习质量，学习资源包括信息、人员、材料（教学媒体材料）、设备（硬件）、技巧和环境。运用系统方法是指用系统研究的思想和方法分析处理教学过程，研究教学过程中内部各要素之间的关系以及教学过程系统和环境的关系，根据学与教的理论，设计开发出较为理想的学习过程或教学过程。

（二）现代教育技术解决教育教学问题的方法

现代教育技术解决教育教学问题的实践方法首先要鉴定问题，弄清所要解决问题的本质，然后根据问题的实质来研究设计解决问题的方案，其操作程序是按照系统方法的程序和步骤来操作实施，操作过程可分为六个步骤，即鉴定需求、设计方案、选择方案、实施方案、评价方案、修正方案。可概括为两个基本环节，鉴定问题和解决问题，首先要确定解决的是什么性质的

问题或需求，然后再根据问题的性质来寻找解决问题的方案，其操作程序如下图所示。

在实践中对进行的每一步骤还需要运用有关的理论、知识、技术支持做好各项工作。

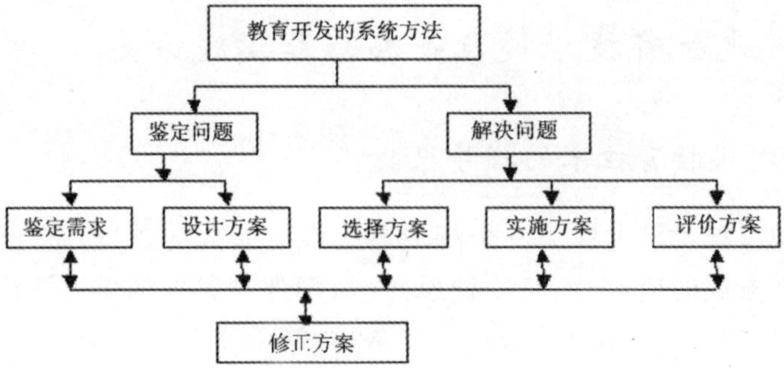

教育开发的系统方法

三、现代教育技术与视听教育、电化教育

如前所述，现代教育技术研究的对象是学习过程和所有学习资源，研究的方法是系统的方法，研究的目的是优化学习过程。这种注重学习者和学习过程的研究，更为注意学生的问题、学生的参与和师生间的交流，因此对教育的研究方向和方法都有重大的发展，对教育实现面向现代化、面向世界和面向未来将起到促进作用。

视听教育研究如何充分利用视听器官的功能性学习，进而提高教育信息传递效果的教育活动。运用的媒体有幻灯、电影、电视、录音、无线电、图片、模型、标本以及观察、展览、参观等。显然“它是以注重非言语方式的学习途径以及由具体形象提供的学习信息为特点的教育活动”。这与现代教育技术相比，研究的内容单纯、涉及面窄。

电化教育是“运用现代教育媒体，并与传统教育媒体恰当结合，传递教育信息，以实现教育最优化”。电化教育研究的核心是现代教育媒体。它与现代教育技术在本质上相同，目的都是要获得最佳效果，实现教与学过程的最优化。两者都具有应用科学的属性，在教育科学领域中都具有相同或相近的地位与作用，但是在概念的涵盖范围以及研究的层次、深度与广度等方面都是有所区别的。因此，我们不能简单地把现代教育技术等同为电化教育。今天，随着我国在教育技术领域理论研究和实践范围的扩展，电化教育朝着现代教育技术的方向发展，这也是我国电化教育发展的必由之路。

四、现代教育媒体

(一)媒体与教育媒体

媒体也称媒介、传播媒体。媒体这一术语源于拉丁语“medium”,意为“介于两者之间”,是指信息传播过程中,从信息源到接受者之间携带和传递信息的载体和物质工具。从广义上讲,媒体范围很广泛,从书本图片模型到电影电视以及录音机与录音带、录像机与录像带、计算机和各种软件等,它们已成为各种通信工具、教育工具的总称。

媒体以教育信息的传递为最终目的时,称为教育媒体,用于教育信息从信息源到学习者之间的传递。如专门用于教学,具有明确的教学目的、教学内容、教学对象的教学录像片就是教学媒体。教师和书本不再是唯一的知识来源,在众多教学媒体支持的环境下,学生可设计自己的学习计划,并进行自主学习,师生的相互关系发生明显的变化,现代教育媒体在教学中发挥着越来越重要的作用。

(二)现代教育媒体及其特点

教育媒体种类繁多,按其运用现代科技成果的情况,可分为传统教育媒体和现代教育媒体。传统教育媒体有教科书、黑板(粉笔)、实物标本模型,报刊图书资料、图表照片挂图等。现代教育媒体按作用于人的感官又分为:视觉媒体、听觉媒体、视听觉媒体、综合媒体。视觉媒体有幻灯、投影等。听觉媒体有广播、录音、CD 等。视听觉媒体有电影、电视、录像、激光视盘等。综合媒体有多媒体教室、语言实验室、计算机多媒体系统等。本书中主要阐述的是现代教育媒体。现代教育媒体具有更好地记录、传递、存储、再现教育信息的功能。

和传统教育媒体比较而言,现代教育媒体具有形象性、再观性、先进性、高效性等特点。

1. 形象性。

现代教育媒体不仅能传送语言、文字和静止图像,而且能传送活动图像,增强了信息的表达能力和教学直观性,将教学内容具体形象生动地传达到学生的感官里,有效激发了学生的学习兴趣,提高了教学质量和效率。

2. 再现性。

运用现代教育媒体再现“事物”,具有极丰富的表现力。它能根据教学需要,将所要表现的具体事物在虚实、快慢、大小、远近、零整之间转换变化,使教育、教学内容涉及的事物、现象、过程不受时空限制,再现于课堂,如:长征火箭升空、彗星撞击木星、陨石雨的出现、历史的回忆、异国的风光、生物的细胞和物体的微观结构等。

3. 先进性。

现代教育媒体中的设备,功能齐全,能满足教学上的各种需要,尤其是幻灯机、录音机、电视机、录像机、视盘机等日益微型化、自动化、遥控化,给教学带来方便。随着高新技术的发展,教育媒体正在向综合化、现代化发展,即向多媒体计算机技术方向发展。

现代教育媒体中的声像教材,采用片、带、盘、课件等多种形式,把形、声、色、光、动、情、意融于一体,表达教育、教学内容,具有新鲜感,使学生喜闻乐见,有利于教育效果的优化。随着现代教育技术的不断深化,声像教材也日趋与文字教材配套和系列化。

4. 高效性。

现代教育媒体的高效性关键在于教育信息传输效率高,学生对信息接受效率高,并对所接受的知识记忆效果好,这些正是现代教育媒体的优势所在。

此外,现代教育媒体还具有普遍适应性,它适合各个年龄层次的多种教育,包括幼儿教育、普通教育、高等教育、成人教育、特殊教育、继续教育等。

由于现代教育媒体具有上述特点和优势,因而在学校和社会教育中广泛运用它来提高教育质量和效率,扩大教育规模,促进教育现代化。

第二节　现代教育技术的发展概况

一、国外现代教育技术的发展

教育技术最早起源于20世纪初的美国。不过不叫教育技术,它的前身是三种不同的教学方法:视听教学、个别化教学和系统设计教学。经过半个世纪各自独立发展,20世纪60年代中后期,随着系统科学理论的引入,三种方法逐渐交叉融合,在此基础上诞生了教育技术学。至今国外教育技术的发展大致经历了以下三个阶段:

1. 第一阶段,现代教育技术的初创时期(20 世纪 60 年代)。

这一时期以广播录音教育和电视教育的应用与研究为主,当时的广播教育节目在人民生活中占有重要地位。盒式录音磁带在教育上使用,给语言教育带来了方便,因此在这期间语言实验室发展很快, 在欧、美、日本的中小学中得到普遍的使用。

1960 年美国总统签署了通信法案,规定拨发给教育电视台的经费达 3200 万美元,顿时美国的教育电视台猛增到 125 家,面向 600 万户家庭播放教育节目。随着录像机技术开始应用在教学上, 闭路电视也获得了快速发展,同一时期,闭路电视频道达 4000 个,为 1400 万用户播放教育节目。当时,美国家庭拥有电视机的达到 88%以上,从此,电视已真正成为大众传播媒体的主流,给远距离教学带来了极大的方便。电视台提供的教育课程丰富多彩,满足了不同教育对象的需要,使得电视机和录像机成为在教学上十分重要的而且受人喜爱的实用媒体。

值得注意的是,20 世纪 60 年代中叶人造通信卫星的发射成功,使电视教育发挥了更大的作用。由于通信卫星系统的迅速发展,1965—1970 年,拥有接收设备的国家从 5 个增加到 30 个,租用线路频道从 150 个增加到 4259 个,为卫星电视教育的发展奠定了良好的基础。在卫星电视教育发展的同时,计算机辅助教学系统也开始建立和发展起来了。

2. 第二阶段,现代教育技术发展的奠基时期(20 世纪 70 年代)。

这一时期在技术应用上主要是录像设备、卫星电视教育系统和计算机辅助教学系统。据 1979 年统计,日本有 72. 2%的初中和 92. 3%的高中都拥有录像设备,87%的小学教师经常使用录像进行电视教学。卫星电视教育发展更快,1974 年,美国发射的实用技术卫星 ATS-6 用于普通教育、职业培训和成人教育,被人们称为“真正的宇宙学校”。1972 年美国科学基金会决定拨款支持当时世界上规模最大的 PLATO-V 型计算机辅助教学系统,它拥有数千个教学端,遍布北美各大城市和少数欧亚城市,教学能力强。据 1975 年统计,美国已有数以万计的微型 PLATO 教育系统并作为计算机辅助教学系统的主力。英国在 1973—1978 年,投资 200 万英镑进行计算机辅助教育系统的研制。有 80 所学校研制了计算机辅助教学系统 297 个。

现代教育技术作为一门新兴的学科,在这一时期开展了教育技术定义和研究范围的讨论,并陆续出版了日本坂无昂等编写的《教育工艺学》八卷本,日本 Fujlta 编著的《教育信息学》和德国 Frank 编著的《教育控制论》。美国新泽西州教育技术学出版社还发行了大批教育技术学和计算机辅助教育方面的论著和教学用书。因此,70 年代成为现代教育技术学科理论基础的建立时期。

3. 第三阶段,现代教育技术广泛应用时期(20 世纪 80 年代之后)。

在北美,中小学都普遍配备了电视摄录像系统,储存在大量的录像带中。微型计算机也正在中小学普及,美国和加拿大的中小学一般拥有数台至数十台的微型计算机,各科教师也不同程度地应用了微机辅助教学。1980 年英、法、日、新加坡、印度也以巨大投资发展计算机教育、远距离卫星电视教育和培养使用“新教具”的教师,十分重视现代教育技术的发展。

随着教育技术的应用和理论研究的迅速发展,教育技术人才培养也备受重视,在美国有千余所大专院校设置了教育技术专业,还有百余所大学设有教育技术硕士和博士学位,每年培养数以万计的本专科生和研究生。

当前,计算机科学与电子技术的发展促使了多媒体技术的突破。在美国,1993 年 9 月美国总统向国会发表国情咨文报告时,提出了兴建“信息高速公路”的计划和意向。我国在建设信息高速公路方面也取得了显著成绩。多媒体技术和信息高速公路已经介入教育领域,这两项高新技术,一旦应用在教育领域,将使教育技术的发展进入一个新纪元,这是 21 世纪教育发展的必由之路。

二、我国现代教育技术的发展

教育技术作为一个新兴的实践和研究领域在美国开始于视听教育运动,在我国则是以电化教育的出现为标志。电化教育的出现和发展,对教育事业的发展和改革产生了积极的作用和广泛的影响。改革开放以后,随着国际学术交流的增多,我国的电化教育工作者研究学习国外的先进经验和理论成果,在政府有关部门支持下努力发展电化教育。同时,现代教育技术手段得到大量的引进,促使教育技术在我国得到了很大的发展。我国教育的发展可分为两个阶段,即电化教育的出现与初步发展(1920—1968 年)以及改革开放后电化教育技术的全面发展(1978 年至现在)。

(一)电化教育的出现与初步发展阶段

1. 电化教育的出现。

早在 20 世纪 20 年代,受美国视听教育运动的影响,并且伴随电影、幻灯等先进媒体传入我国,在我国一些大城市的学校或教育机构中开始使用幻灯和无声电影等进行教育,标志着电化教育开始萌芽。1922 年,南京金陵大学农学院开办农业专修科,从美国农业部购买了幻灯片、电影片,到各地宣传科学种棉的知识,这大概是最早在大学中应用视听媒体来进行的教学。1932 年中国教育家陶行知在长沙、烟台、嘉兴举办大规模的千字课教学试验。在嘉兴试验时用了幻灯。1930 年金陵大学理学院引进了若干专业无声影片,结合课程放映,并与上海柯达公司合作,翻译了 60 多部教学影片。1932 年成立了中国教育电影协会。到 20 世纪 30 年代广播教学亦开展起来,1935 年 6 月,教育部要求中等学校和民众教育馆分期装设收音机,并定购下发一千多台收音机,聘请了专家通过广播电台播放教育节目;1937 年 7 月建立了播音教育委员会。同时,一些民众教育馆也开始运用幻灯、电影、播音等开展宣传教育活动,如江苏民众教育馆将大礼堂作为放映厅,规定时间轮流放映教育影片和教育幻灯片,他们还动手安装了巡回施教车,外出巡回展出图片、照片、实物、模型,放映幻灯和电影。1940 年,教育部将电影教育委员会和播音教育委员会合并,成立了电化教育媒体,得到了初步的推广应用,“电化教育”的名称得到了确立。一些电化教育刊物相继出版,个别学校开始设立电影播音课程,开办电影播音专业,培养电教专业人才。由于当时的中国经济不发达,科学技术落后加上政府对教育的重视和投入不足,电化教育未能大面积推行。

2. 电化教育的初步发展。

1949 年 10 月中华人民共和国成立后,我国教育事业受到党和国家的高度重视,电化教育进入初步发展的新时期。主要表现在以下两个方面:

(1)社会电化教育的发展:利用无线电广播开展俄语广播教育、文化补习函授等。20 世纪 60 年代起一些省市相继设立了电视大学,开展电视教育。

(2)学校电化教育的发展:有的高校开设了电教课程,有的高校建立了电教馆、电教室,将现代教育媒体用于教学。在普通教育中,相继在北京、上海、南京、沈阳、哈尔滨、齐齐哈尔成立了电化教育馆,负责推动基础教育中的电化教育工作。

1949—1965 年间,我国电化教育取得了很大的成绩,并加快步伐向前发展。1966 年“文化大革命”的爆发,使我国的教育事业的发展受到了严重的阻碍,电化教育的发展被迫停滞下来。

(二)电化教育向教育技术的全面发展

1978年后,党和政府采取了一系列拨乱反正的政策和措施,党的十一届三中全会以后,党中央召开了全国教育工作会议,邓小平同志在会议上提出了要制定加快发展电视广播等现代化教育手段的措施,确定了新时期发展教育事业的方针大计,给我国教育现代化提出了一条发展的道路,使我国的电化教育迅速进入了向教育技术全面发展的新阶段。具体表现在以下三个方面。

(1)学校教育中大力开发和运用现代教育媒体,特别是大专学校、中小学校的计算机应用获得了很快发展。

(2)随着远距离教育的发展,远距离教育系统逐渐形成,卫星电视教育网全面建立。1979年2月创办了中央广播电视大学,截止到1989年,已发展成为一个由中央电大、43个省(计划单列市)电大、575个地市级电大、1500多个县级电大组成的远距离高等教育系统,形成了一个覆盖全国城乡的广播电视教育网络。国家教委在1986年2月开播教育节目,1987年正式建立了中国教育电视台,并相继成立了中国电视师范学院,各地也陆续建立了教育电视台、收转站、接收站、放像点,形成了中国卫星电视教育网络。为教育的发展做出了重大贡献。

(3)教育技术学学科建设的发展。1983年至1986年先后有华南师大、华东师大、西北师大、东北师大、北京师大、南京师大等一批院校经批准设立了电化教育(教育技术)系,到目前为止全国已有30多所院校开设了电教专业,有9所高校招收了硕士研究生,还有1所高校招收了博士研究生,进行了高层次人才的培养。与此同时,开展的教育技术理论和实践的研究与讲座在全国数十种中央或地方的刊物上发表了大批的论文,反映教育技术的专著、译著和教材也相继问世。如《教育技术学导论》《教育传播学》《教育设计》《电化教育管理》等著作概括了全国教育技术工作者的研究成果,初步形成了学科理论体系。在实践上,应用教育技术学的有关理论进行的课程开发、多媒体教学设计等亦取得了不少成果。

总之,我国教育技术在1966年前以电化教育的概念和形式出现并得到了初步发展;1978年后教育技术在计算机辅导教学、学校电化教育、远距离教学和教育技术学科等几方面获得了发展;20世纪80年代后各方面相互影响借鉴,从教育技术学的基本理论——教学设计的理论与方法中汲取营养,来改善教学。随着电化教育工作理论研究和实践范围的扩展,电化教育正在向教育技术全面过渡。

三、现代教育技术的发展趋势

随着科学技术的飞速发展以及教育技术相关理论基础的研究和应用,现代教育技术正朝着网络化、多媒体化、理论研究科学系统化方向发展。

1. 网络化。

20 世纪 90 年代初,美国开始组建最早的国际互联网络。目前该网络已成为世界上规模最大、影响最大的国际性计算机网络,其发展速度十分惊人,已连接 150 多个国家 5000 多万台电脑,有 1 亿多个用户,而且以每月 100 万个新用户的速度在增长。Internet 已成为联结世界各国的信息纽带和向全球提供教育教学资源的重要网络。美国的大中小学已于 1997 年全部接通 Internet 网,英、法、德、日等发达国家的各级各类学校也广泛使用了 Internet 网,我国目前也开始发展国内的计算机网络并与 Internet 连接。目前我国网络建设已初具规模,建成了中国教育和科研计算机网 CERNET、中国公用计算机网 CHINANET 等,其中,中国教育和科研计算机网用户是中国目前最大的 Internet 网用户群。

网络系统进入教育领域,使得教育体制和教学模式发生了根本变革。基于网络环境的教育模式不受时间、空间和地域的限制,使教育的全民化、终身化、多样化、自主化、国际化成为可能。在这种教育体制下,每个人都能得到每个学科第一流老师的指导,可以向世界上最权威的专家请教,可以借阅最著名图书馆藏书甚至拷贝下来,从世界上的任何角落获取最新信息资料,每个人可以在任意时间任意地点通过网络自由学习、工作或娱乐。基于网络环境下的教学,可以是个别化教学,亦可以是协作型教学,还可以将个别化和协作型二者结合起来。

2. 多媒体化。

“多媒体”不是多种媒体的简单组合,而是指以计算机为中心处理和应用多媒体信息(如符号、文字、图形、动画、声音、图像和视频影像等)的一种综合技术,通过人机交互方式实现同时采集、处理、编辑、存储和展示两种以上不同类型的信息媒体的技术。多媒体技术为人机之间的信息交流提供了全新的手段,包括高保真的声音、达到照片质量的图像、二维和三维动画,甚至是活动影像。近年来,关于教育技术的国际性刊物或国际学术会议上发表的论文中有70%~80%都与多媒体有关。多媒体教育应用正迅速成为教育技术中的主流技术,国际上的教育技术迅速走向多媒体化。

多媒体计算机教学系统由主机、输入输出设备、控制以及各种功能卡和软件组成。与应用其它媒体的教学系统相比,它具有如下特点:

(1)允许学生根据学习的需要与自己的学习经验和风格选择感知方式。

(2)对不学习者提供多重感官刺激。

(3)高保真的声音、高质量的活动影像、二维与三维动画等使学生更有兴趣学习。

(4)丰富的交互方式提高了学生的参与性。

(5)为教师和学生建立了资源丰富的教学环境。

(6)有助于学生进行以问题为中心的学习,培养探索的精神。

(7)多媒体与计算机网络技术结合,在教学中将有更好的应用前景。

多媒体系统在教学中形成了不同的教学模式,主要有课堂教学模式、虚拟现实教学模式等。课堂教学模式利用计算机媒体与其他教学媒体相结合共同参与课堂教学过程, 以达到优化课堂教学的效果。虚拟现实教学模式利用多媒体仿真技术形成交互式人工世界,给学生以身临其境的真实感受,使学习者亲自体验现实中无法实现的经历,变抽象内容为具体内容,提高学习效果。网络学习模式集文字、声音、图像于一体,消除了时空距离,实现自由自在的对话,使师生之间、学员之间的双向交流成为现实,是一种最富有前景的远距离教学模式。

3. 理论研究科学系统化。

(1)重视教育技术自身理论基础的研究,最明显的例子就是关于教育技术定义及研究领域和研究内容的不断深入。美国AECT协会针对微机的普及对教育技术带来的冲击和影响,从1989年开始整整花费5年时间, 组织百名教育技术领域的著名专家参与调研,先后召开几次会议,在此基础上由西尔斯和里奇将讨论中达成的共识加以总结整理、提高并写成专著《教学技术:领域的定义和范畴》,最后该书经AECT审定通过之后,以AECT学会的名义发表。它给出了教育技术全新的科学的定义,与此同时从五个方面对教育技术的研究领域和研究范围做了明确的界定。该书不仅是美国教育技术界的重要理论成果,也是当今国际教育技术界的重要理论研究成果,它对20世纪90年代及至21世纪初的教育技术的发展起到了有力的推动作用,对我国教育技术事业的发展也产生了深刻的影响。

(2)加强将认知学习理论应用于教育技术实践的研究。20 世纪 40 年代视听教育关心的是媒体使用方法及其效果,它的理论基础是“经验之塔”。到了 20 世纪 50 年代,视听教育工作者开始将注意力转向对传播理论的研究,将教学过程作为一个整体来考虑,注重教学信息双向流动,强调学习者对信息反馈。20 世纪 60 年代,程序教学运动迅速发展,与视听教育一道形成教育技术发展的高潮,程序教学以行为主义心理学习为指导,以强化学习者行为为目的,是一种行为科学概念的教育技术,行为主义构成了教育技术的基础,推动了以科学为基础的教育技术的发展。20 世纪 80 年代后,认知学习理论逐渐取代了行为主义理论,强调对学习者内在心理活动过程的研究。这一变化主要涉及教育技术学的下列领域:首先,关于学习环境和教学模式的设计,随着认知和认知学习理论的普及,人们认识到学生是信息加工的主体,是意义的主动建构者,教师不必直接向学生灌输知识,可以通过创建良好的学习环境和理想的交互方式,发挥学生的积极性、主动性;其次,关于教学媒体的设计,包括教学媒体选择与媒体内容呈现方式的设计。为了使媒体的利用能在教学中发挥最佳效果,教学媒体设计除了要考虑教学目标、教学内容、教学对象外,还须以认知心理学为依据。仔细分析注意、知觉、记忆、概念形成四种心理活动所具有的特性以及与媒体呈现之间的关系,可以得出一批有价值的结论,这些结论对教学媒体的设计有直接指导作用,使教学媒体设计建立在坚定的理论基础之上。

第三节　现代教育技术的理论基础

一、视听教育理论

1946 年,美国教育技术专家戴尔在他的《视听教学法》一书中,研究了录音、广播等视听教学手段怎样在教学中使用,会产生怎样的教学效果等一系列问题,总结出一系列视听教学方法,提出了相关的教学理论,这就是视听教学理论。由于戴尔把人类获取知识的各种途径和方法概括为一个“经验之塔”来系统描述,因此,人们又将这一理论称为“经验之塔”理论。

（一）经验之塔

下图所示为戴尔的经验之塔。

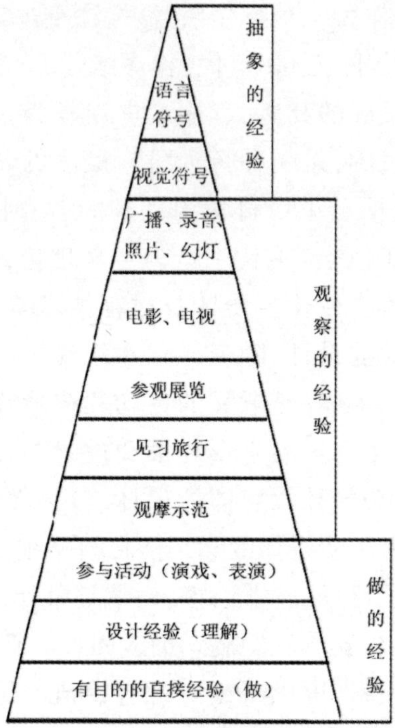

戴尔的经验之塔

戴尔将人们获得的经验分为三大类——做的经验、观察的经验和抽象的经验，并将获得这三类经验的方法分为十种：

1. 有目的的直接经验。

戴尔认为经验之塔的最底层是最直接的经验，是直接与真实事物本身接触的经验，是最丰富的具体经验。即通过对事物的看、听、尝、嗅、做取得的经验。

2. 设计经验。

这是“真实的改编”，这种改编使人们对真实更易理解。如制作模型，尽管模型与原物相比，其大小和复杂程度有所不同，但通过制作模型，可以产生比实用教学更好的效果。

3. 参与活动。

通过演戏、表演感受那些在正常情形无法获得的感情上和观念上的体验。

以上三个方面的经验，都包含有亲自的活动，在这三种方式中，学习者都不仅仅是活动的旁观者，更是活动的参与者。

4. 观摩示范。

通过看别人怎么做，学生知道是如何做的，以后他自己就可以动手模仿着去做。

5. 见习旅行。

可以看到真实事物和各种景象。

6. 参观展览。

通过观察了解来学习。

7. 电影、电视。

屏幕上的事物是实际的事物的代表，而不是它本身。通过看电视，得到的是替代的经验。

8. 广播、录音、照片、幻灯。

9. 视觉符号。

主要指表达一定含义的图形、模拟图形等抽象符号。

10. 语言符号。

包括口头语言和书面语言（即文字符号）两种，是一种纯粹的抽象。

（二）“经验之塔”理论要点

1. 塔的底层的经验。

该经验是直接、具体的，学习时最容易理解，也便于记忆。塔的顶层经验最抽象，易获得概念，便于应用。

2. 学习方法。

教育应从具体经验入手，逐步过渡到抽象，这是较有效的学习方法。

3. 教育升华。

教育不能止于直接经验，不能过于具体化，必须上升到理论，发展思维，形成概念。

4. 替代经验。

位于塔的中部的是替代经验，它能冲破时空的限制，弥补学生直接经验的不足，且易于培养学生的观察能力。

5. 形成科学的抽象。

在学校中,应用各种教育媒体,以使教育更为具体,从而形成科学的抽象。

"经验之塔"理论所阐述的是经验抽象程度的关系,符合人们认识事物由具体到抽象、由感性到理性、由个别到一般的认识规律,而位于塔的中部的广播、录音、照片、幻灯、电影、电视等介于做的经验与抽象经验之间,既能为学生学习提供必要的感性材料,容易理解,容易记忆,又便于借助于解说或教师的提示,从具体的画面上升到抽象的概念、定理,形成规律,是有效的学习手段。因此,它不仅是视听教育理论的基础,也是现代教育技术的重要理论之一。

二、学习理论

学习理论是教育心理学中最重要的理论。学习是一种十分复杂的心理活动,它涉及心理学中许多根本性的问题,如感觉、想象、记忆、思维、情感和意志等。学习理论是研究人类怎样学习的理论,旨在阐明学习如何发生、有哪些规律、是什么样的过程、如何才能进行有效的学习,并提示学习过程依据心理、生理机制和规律而形成的理论对现代教育技术的实施具有重要的指导意义。

长期以来,由于对学习过程的理解和解释存在分歧,形成了学习理论的两大主要学派:联结(行为主义)主义和认知(格式塔)主义。

(一)联结主义的学习理论

联结派的主要代表人物是桑戴克、巴甫洛夫和斯金纳,他们认为经验是知识的唯一源泉,一切知识都来源于感性。学习是刺激与反应的联结,即S-R间的联结,S-R是学习心理的最高解释原则和公式。联结主义理论的基本流派有:

(1)桑戴克的试误说。桑戴克是联结主义学习理论的创始人,他认为:学习在于形成一定的情绪与反应的联结。一切学习过程都是不断尝试,不断发生错误及失败,最后才取得成功的过程。故而又称为"试误说"。

(2)华生的"刺激—反应说"。华生修正了桑戴克的观点,认为一切学习都可以依据"S-R"的公式。学习的实质是各种习惯的形成,而习惯的形成就是建立起刺激与反应的牢固联结。

(3)斯金纳又进一步修正了桑戴克的联结说,发展了华生的“刺激—反应说”,创立了反射与强化理论。他认为:一切行为都由反射构成,学习在于形成条件反射。他把学习分为反射学习和操作学习,而操作学习更能代表实际生活中的学习。因此,他的学习理论被称为“操作条件说”。

斯金纳认为强化是塑造行为和保持行为强度所不可缺少的关键。也是用来控制学习的根本手段,操作性条件作用的基本过程如下。

反应+强化→增强反应

反应+无强化→减弱反应

反应+惩罚→压抑反应

斯金纳认为,成功的教学与训练之关键是分析强化效果。基于这一观点,他又提出程序教学法,并据此研制了教学机器。程序教学法又称“小步子教学法”,这种教学法的基本思想是:

① 把教学内容分成具有逻辑联系的小步子。

② 要求学生做出积极反应。

③ 对学生的反应要做出及时的反馈和强化。

④ 学生在学习中可根据自己的情况,自定步调和学习进度。

⑤ 学生尽可能地做出正确的反应,使错误率降低到最小限度。

斯金纳的这种程序教学原理已广泛运用于当今的计算机辅助教学,根据联结主义学习理论,现代教育技术在教育教学过程中的作用在于:通过多种教学媒体为学生提供引起必要反应和形成强化刺激的材料及条件,引起学生的多种反应,使学生建立起刺激与反应间的牢固联结,并培养学生的多向思维和发散思维。

(二)认知主义的学习理论

认知派的主要代表人物是韦特海墨、考夫卡和布鲁纳等,他们认为,学习是知识的重新组织,即将原有的知识结构和学习对象本身的内在结构相互作用,这是学习的实质。

1. 认知主义学习理论的主要论点。

(1)认为学习不是刺激与反应的直接联结,而是知识的重新组织。

(2)学习过程不是渐进的尝试与错误的过程。学习是突然领悟和理解的过程,即顿悟,而不是依靠试误实现的。

(3)外在的强化并不是学习产生的必要因素,在没有外界强化的条件下也会出现学习。

2.“认知—发现说”。

20世纪60年代布鲁纳提出的“认知—发现说”是当代认知主义学习理论的代表。他认为,学习并不在于被动地形成刺激与反应的联结而在于通过发现来形成认知结构。因此,学生的学习是学生主动地获得知识和不断发展智能的过程。

对于现代教育技术而言,认知主义的学习理论告诉我们:不能仅仅停留在对学习内容和提供学习材料的研究上面,还必须研究在运用现代教育技术过程中,学生的学习发生了哪些变化,要针对学生的学习心理,通过多种教学媒体充分调动学生这个学习主体的积极性,使他们积极地进行思维活动。

从上述两派不同的观点看,对于学习的认识都有其合理的一面,但都带有片面性,联结派强调知识技能的学习靠条件反射,靠外在强化,忽视了人的内在因素、智能的培养和发展。认知派强调学习靠智慧和领悟,靠人的内在因素,而忽视了外在条件和掌握知识与发展智慧是辩证统一的过程。因此,又应运而生了融会联结主义学习理论和认知主义学习理论基本观点的“联结—认知主义”学习理论,即认为学习是有目的的行为,因此在研究学习过程的时候,既要揭示学习的外部条件与外在反应,同时也要揭示学习的内部过程与内在条件的作用。

三、传播理论

传播是人类社会普遍存在的信息交流的社会现象。传播学是一门研究人类传播行为的科学。是随着广播、电视、报刊、报纸等传播媒体的发展,逐步从社会学、心理学、政治学等学科分离出来的一门学科。

从某种意义上来说,教育也是一种传播活动,它是按照确定的教育目标,通过教育媒体,将相应的教育内容传递给特定的教育对象。它与大众传播有许多共同之处,两者关系密切,可以把传播理论的研究成果应用到现代媒体教育中来,提高教育质量和效率。因此传播理论也是现代教育技术的理论基础之一。

四、系统科学理论

系统科学是研究一切系统的模式、原理及规律的科学,是在系统论、信息论和控制论的基础上形成的，它是新兴的科学方法论，也是信息时代高科技发展下的认识世界和改造世界的方法论，已广泛应用于各领域和学科。

从系统科学角度来认识现代教育，教育系统是一个多因素、多层次和多功能的复杂系统。把教育作为一个整体加以分析研究，为教育的优化提供了重要思维方式和重要手段。

（一）信息论与现代教育技术

信息是事物发出的消息、情报、信号、数据等包含的内容而不是事物的本身。信息是事物表现的一种普遍形式。信息论是研究控制系统中信息的计量、传递、变换、储存和使用规律的科学，它是美国教育家香农于 1948 年创立的。

在教育领域中，知识、技能和思想品德等都属于信息的范畴，所以亦可称之为教育信息。信息论在教育中应用而形成的理论，称为教育信息论，它是研究教学过程中的“人—人”关系（即师生间的教学关系系统），是关于教育信息如何传递、变换和反馈的理论。

教学过程实质上是教育信息传播和反馈的过程。教师将储存状态的教育信息重新组合，变换成输出状态，并考虑如何以恰当的表达方式和顺序传递给学生，并运用反馈原理，不断从学生的反馈信息中获得调节和控制的依据，从而了解情况、发现问题、改进教学方法和优化效果。学生也可以从教师那里获得反馈评价，了解自己的学习情况和存在的问题，从而改进学习方法，提高学习效率。根据信息论的观点，教育活动中信息的传递应该是双向的，既有教师向学生传输的信息，也有从学生那里获得的反馈信息，并给予学生反馈评价。只有这样，师生配合默契，才能获得较好的教学效果。

（二）控制论与现代教育技术

控制是通过信息反馈，进行有效的操作，实现目的的一种活动。控制论是研究各种系统控制和调节的一般规律的科学，是美国数学家维纳创立的。

控制论在教育领域中应用所形成的理论，称为教育控制论。它是研究教育系统中，运用信息反馈来控制和调节教师的行为，从而达到既定目标的理论。利用现代科技手段传递教育信息，其出发点和归宿在于教育最优化。

而优化的关键就在“信息反馈”;有了反馈,才能进行有效的调节,使教学设计有的放矢,不断完善,更适合学生的实际情况。一个典型的例子就是在计算机辅助教学中,通过计算机获得的反馈及时对教学信息进行调整和控制。以达到预定的教学目标,实现学习过程的最优化。

(三)系统论

所谓系统,是指处在相互依存和相互作用中,并与环境发生关系的各个部分(或要素)构成的一个完整的具有一定功能的有机整体,系统论是由美国生物学家贝塔朗菲创立的,把系统论和教育理论相结合,用以指导教育实践,就产生了教育系统论。

教育系统论是现代教育技术的基础,教育系统论把教育视为一个系统,组成这个系统的要素包括教师、学生、媒体等。教育系统论就是采用系统分析方法,即从系统的观点出发,坚持在系统与部分之间,整体与外部环境之间的相互联系、相互作用、相互制约等关系中考察、研究系统,以求得最优化的问题处理方法。教育是一个复杂的系统,教育要优化,不仅仅是从教师或学生一方来考虑,而是从整个系统来考虑,协调好各教学要素之间的关系,使之相互支持、相互理解、相互协调和齐心协力。因此系统的功能,不仅有各个要素的功能,而且有各要素相互联系形成新结构产生的新功能。

五、系统科学理论对现代教育技术的指导意义

“三论”统一在“系统”中对人类认识世界、改造世界,有着深远的影响。用“三论”的理论和方法指导教育科学,特别是从中提炼和抽象出来的系统科学的基本原理(反馈原理、有序原理和整体原理),对研究现代教育技术和指导其实践有着重要的意义。

1. 反馈原理。

指任何系统只有通过反馈信息才能实现控制,在教学实践中主要强调信息传递必须具有双向性。反馈的作用在于:使教师及时地获得学生学习态度和学习成效的反馈信息,调整教学程序、教学信息传递速度和教学方法,从而保证教学按照预定的教学目标和教学计划,高效率、高质量地有序进行。

2. 有序原理。

指任何一个系统中的要素及子系统必须按照一定的顺序和层次进行排

列。在教育中,强调处理好教学系统内部的要素之间,以及与外部环境之间的关系,使它们之间的信息交换处于开放、有序的状态。

在现代教育技术的实施过程中,生动直观的教育信息与方法,更能启发学生的积极思维按照从感性到理性、从直观到抽象、从简单到复杂、从个别到系统的认识过程,因此说,有序是最有效的学习方法。

3. 整体原理。

整体性是系统的根本属性。整体原理指系统中各要素是相互作用、相互依存的,系统的整体功能不仅包括各孤立部分的功能之和,还应加上各部分相互作用而形成的新结构产生的功能。优化的课堂教学,应重视从教学整体进行系统分析,综合考虑课堂教学过程中的各个要素,包括教学目的的确定、优化的教学方法、优化的媒体选择,并注意各要素间的配合、协调,发挥系统的整体功能才能达到优化的目标。

系统科学理论的观点和方法,已渗透到教育技术的各个领域,对教育技术学的形成和发展有着广泛而深远的影响,因此它是现代教育技术的重要理论基础。

第四节　现代教育技术与教育现代化

一、信息社会与现代教育技术

目前,我国正处在一个信息化的时代,要实现教育现代化,就要充分利用现代教育技术,加快教育信息化的进程,必须从以下几个方面进行教育改革:

(一)需要更新观念,建立全民的、全时空的大教育观

教育不应只局限于学校的围墙内,必须要按照个人的需要和可能,贯穿于人的一生。就是说,人类的学习应成为终身学习形式,所有的教育机构和教育手段都将为终身学习提供条件和帮助,使人们能够较容易地得到教育,并使每个人都有尽可能多的选择机会。

(二)需要对课堂结构和教学内容进行改革

由于科学技术的发展促进了学科的不断分化和整合,因此课程体系以

及每一门课程内容都要进行不断更新。同时人才的培养要强调个别化、个性化,加强对获取知识的能力的培养,使人才培养的质量符合信息时代的要求。

(三)需要寻求新的教育模式和传播手段以适应终身教育、全民教育的要求

要充分利用现代信息技术提供的新的传播手段和方法,使更多的人获得学习机会。面对当前的信息化热潮,中国的教育首先要充分重视教育系统在我国社会信息化中的重要作用与地位,加快建设以多媒体技术为核心的现代化教学环境,培养一支熟练掌握信息技术的教师队伍。其次要重视教学信息资源中心的建设,大力发展网络技术,把信息技术广泛应用于教学过程,以培养适应信息化社会所需要的人才。

新技术时代已经为我们提供了满足这种要求所需要的工具。而今天最能表现这个时代特征的两大革新系统是大众媒体和控制系统。这两大系统都与信息有关,都能够及时传送信息、翻译信息、发现和利用信息。这两大革新系统就其本质而言,都适用于学习、教育和训练。

现代信息社会,已经对我国的教育提出了新的要求,这种要求不仅反映在数量上,而且反映了对教育质量的更高要求。一方面因为在校学习期逐渐延长到最适宜的年龄,另一方面又因为建立真正的终身教育制度的需要,因而对教育产生了大量的、新的要求。这种要求只有充分而适当地利用那些从信息技术中产生的、具有无限可能性的现代教育技术工具和手段,才能得到满足。

二、现代教育技术对教育的影响

代表着信息革命的通信技术和多媒体技术的发展,推动着现代教育技术向多维化、智能化、广域化的方向发展,引起了人类思维方式和学习方式的变革,对教育的各个方面都产生了深远影响。

(一)对教育体制的影响

中国的教育体制目前分为普通教育、成人教育、职业技术教育、高等教育四大块。当教育技术发展到一定程度时,各部分将逐渐趋于融合。而当前我国正在进行的教育体制改革则主要是在教育体系内部进行。随着现代

教育技术的发展,实现普通教育、成人教育、职业技术教育甚至高等教育一体化必将成为大势所趋。

(二)对教育投资的影响

通常认为,教育经费的消耗主要是在学校。随着现代教育技术的发展,学习已经扩展到全社会,贯穿于人的一生,成为终身学习,因此,教育经费的消耗已经不仅局限于学校内部,而要扩大至整个社会了。从某种角度来说,发展教育技术固然需要增加教育投资,但也更有利于人们满足自身发展的需要,任何一个借助于现代教育技术获得学习机会的个人都可能参与对教育的投资,教育经费的来源渠道大大增加了。

(三)对学校教育的影响

现代教育技术给学校教育带来的影响,一方面促使具有优势互补条件的学校加强联合,因为计算机网络可以使学校之间的联合变得非常容易,且不受地域的限制;另一方面进一步加剧了学校之间的竞争,对每个学校的影响并不取决于地域因素,更多地取决于它能提供给学生的信息的质量和数量。这也将促使学校努力提高教学质量。

(四)对教师的影响

将现代教育技术引入课堂教学中,可以加速学习的感知过程,促进认识的深化,加深理解,增强记忆和提高应用能力。此外,学生选择学习的内容、时间、难度及进度方面,具有了更大的自由度,有可能会出现学习失控的情况。从传播学角度来看,教师不仅是教育信息的发出者、传播者,更应是教育信息传播过程中的“把关人”。教师应该根据教学的需要、学习特性等,有针对性地选择信息,对学生获取的信息加以监控,并根据学生的反馈,作必要的选择和调整。

因此,随着现代教育技术的发展,教师可能不仅(甚至不再)是知识的传递者,更是学生学习的帮助者或指导者。

(五)对学生的影响

学生可能是现代教育技术发展的最大的受益者。现代教育技术提供的个别化、网络化的学习方式,可以使学生根据自己的特点和水平选择合适的学习进度,在轻松的环境中学习,实现真正的“教育平等”。由于现代科学技术的迅猛发展,人类的知识总量的不断激增,人类的学习也将成为“终身学习”,因此,“学生”概念的外延在无限延伸。

(六)对学习方式的影响

现代教育技术的发展使人的学习方式发生了根本性的变革。

1. 阅读方式的变革。

从文本阅读到超文本阅读。电子出版物向人展示了全新而高效的超文本阅读与检索方式。不仅如此,人们还可以在资料库中进行高效率检索式阅读。

2. 写作方式的变革。

从手写走向键盘输入、扫描输入、语言输入等。从单纯的文字写作到图文并茂、声形并茂的多媒体写作方式,即超文本结构的构思与写作。

3. 计算方式的变革。

文字的数字化使计算机从语言上升为文化,并使教育的三大支柱读、写、算融为一体。图像、声音、影视的数字化使人类进入“虚拟现实”的计算机仿真世界成为可能,并使数字化逐步成为人类把握历史、现实与未来的一种重要的文化方式、生存方式和教育模式。

三、教育现代化

教育现代化,就是要建立适应现代社会、经济、科技发展需要的,以培养创造型人才为目标的新型的现代教育体系。它包括教育思想现代化、教育内容现代化、教育设施现代化、教育管理现代化等,是一项系统工程。

(一)教育现代化的基本特征

1. 现代化教育是全民教育。

全民教育的内涵包含两方面意义:一是教育的民主化,即实现教育机会的均等;二是教育的普及化,它是教育民主化的前提保证,其中最重要的一项具体工作就是建立义务教育制度。只有义务教育的实施和普及,才能从根本上保证教育的民主化,从而使全民教育成为可能。

2. 现代化教育是终身教育。

现代化教育是终身教育,它包括终身教育思想的确定和终身教育制度的建立。

3. 现代化教育是信息化、多媒体化和多元化教育。

在教育现代化进程中,计算机信息处理技术和通信技术将日益得到广泛的应用,自动化程度将日益提高。现代化教育是经由多媒体化组合的通道进行的,并且是多元化发展的,它为人们提供不同层次、不同形式、不同规格的教育,以满足人们对教育和学习多种选择的需要。

4. 现代化教育是创新教育。

教育的目的是为社会培养富有创新精神的人才,现代化教育强调的是以全面提高学生基本素质为根本目的的素质教育,它注意发挥学生的主动性,发展学生文化、科技和心理素质,这样的教育,才能培养出创造型的人才。

(二)现代教育技术对教育、教学改革的支持

1. 现代教育技术将成为建设一流基础教育的技术基础。

现代教育技术的发展为现代教育注入了新的活力。如果没有技术作支撑,教育水平尤其是教育质量的提高仅靠体制改革是难以实现的。应当把应用现代教育技术作为今后教育改革的基础环节来抓。

2. 现代教育技术将为基础教育提供全新的教育模式。

多媒体技术代表了现代教育技术的发展方向。多媒体教学系统的优点是:从教学规律看,多媒体教学系统由于采用超文本结构克服了传统教学知识结构的缺陷,具有呈现信息的多种形式非线性网状结构的特点,符合教育认识规律;从教学手段看,多媒体教学系统强调以计算机为中心的多媒体群的作用,从根本上改变了传统教学中教师、学生、教材三点一线的格局。在多媒体网络教学环境下,学校的功能和结构将发生相应的改变。

3. 现代教育技术为基础教育课程教材改革展示了新的前景。

现代教育技术给课程设计与教材编制带来了新观念、新方法、新技术,给基础教育课程改革提供了新的教学环境和工作平台,使诸如“专家诊断式”的教材、“智能化”的教材、“开放式”的教材、“可扩充式”的教材等成为现实,使静止的、封闭的、模式化的教材变为“开放的”、“参与式的”、有个性的和创造性的“活教材”“思维实验室”和“理想空间”。

4. 教育技术现代化将革新学习环境。

教育技术在教学过程中的应用改变了学生在教学过程中认识事物的

过程，把感知、理解、巩固、运用融为一体。它改变了某些教学原则，改变了教学过程中教师、学生、教材三者之间的关系；教学过程的基本要素增加了教学媒体，成为四个要素。计算机在学校中的应用，能产生由学生控制的发现式学习环境。这种环境允许学生在特定的内容范畴进行探索和检验假定。